TRANSTORNOS BIPOLARES

COLEÇÃO PSICOLOGIA & SOCIEDADE

- *Autismo: informações essenciais para familiares, educadores e profissionais de saúde* – Luca Surian

- *Como a mente adoece: o processo psicopatológico do ser humano* – Gherardo Amadei

- *Retardo mental: uma deficiência a ser compreendida e tratada* – Pietro Pfanner e Mara Marcheschi

- *Transtornos bipolares: respostas para as perguntas mais frequentes* – Peter Bräunig

Peter Bräunig

TRANSTORNOS BIPOLARES
Respostas para as perguntas mais frequentes

Com a colaboração da Dra. Stephanie Krüger

Dados Internacionais de Catalogação na Publicação (CIP)
(Câmara Brasileira do Livro, SP, Brasil)

Bräunig, Peter
Transtornos bipolares : respostas para as perguntas mais frequentes / Peter Bräuning ; com a colaboração da Dra. Stephanie Krüger ; [tradução Nelio Schaneier]. – São Paulo : Paulinas, 2014.– (Coleção psicologia & sociedade)

Título original: Leben mit bipolaren Störungen
ISBN 978-85-356-3649-9

1. Doença maníaco-depressiva   2. Transtorno bipolar   3. Transtorno bipolar - Obras de divulgação   4. Transtorno bipolar do humor   I. Krüger, Stephanie.   II. Título.   III. Série.

CDD-616.8950092
13-10924   NLM-WM 207

Índice para catálogo sistemático:

1. Transtorno bipolar do humor : Portadores : Relatos pessoais :
Ciências médicas   616.8950092

1ª edição – 2014
2ª reimpressão – 2018

Título original da obra:
Leben mit bipolaren Störungen. 2. ed.
© 2009 Trias Verlag in MVS Medizinverlage GmbH & Co. KG – Stuttgart, Germany

Direção-geral:
Bernadete Boff

Editora responsável:
Andréia Schweitzer

Tradução:
Nélio Schneider

Copidesque:
Simone Rezende

Coordenação de revisão:
Marina Mendonça

Revisão:
Sandra Sinzato

Gerente de produção:
Felício Calegaro Neto

Projeto gráfico:
Wilson Teodoro Garcia

Capa e digramação:
Jéssica Diniz Souza

Gráficos:
Christine Lackner (pp.17-21, 35, 55)

Nenhuma parte desta obra poderá ser reproduzida ou transmitida por qualquer forma e/ou quaisquer meios (eletrônico ou mecânico, incluindo fotocópia e gravação) ou arquivada em qualquer sistema ou banco de dados sem permissão escrita da Editora. Direitos reservados.

Paulinas

Rua Dona Inácia Uchoa, 62
04110-020 – São Paulo – SP (Brasil)
Tel.: 2125-3500
http://www.paulinas.com.br – editora@paulinas.com.br
Telemarketing e SAC: 0800-7010081

© Pia Sociedade Filhas de São Paulo – São Paulo, 2014

SUMÁRIO

NOTA DA EDITORA 7

PREFÁCIO 9

SINTOMAS 11
Entendendo os conceitos 11
Os sintomas bipolares 23
A frequência dos transtornos bipolares 31
A evolução dos transtornos bipolares 31

DIAGNÓSTICO 39
O auxílio médico 39
Dificuldades para fazer um diagnóstico correto 43
Nunca há uma só causa! 50

TRATAMENTOS 57
A terapia medicamentosa 57
Tratamentos com antimaníacos 63
Tratamentos com antiepiléticos 66
Tratamentos com neurolépticos 72
Tratamento com antidepressivos 77
Tratamentos com outros medicamentos 79
O que é preciso saber sobre o uso de medicamentos 82
Outros procedimentos terapêuticos possíveis 88
O tratamento psicoterapêutico 90

QUESTÕES PRÁTICAS 101
Informações sobre gravidez e parto 101
O que os familiares devem saber 111
Curatela, tutela e internação compulsória 118
Informações referentes à vida social 121

ANEXOS 131

NOTA DA EDITORA

Como toda ciência, a Medicina está em constante evolução. A pesquisa e a experiência clínica ampliam os conhecimentos continuamente, em especial no que se refere a tratamentos e terapias.

Os conselhos e as recomendações deste livro foram elaborados pelo autor de maneira conscienciosa e visando ao esclarecimento das dúvidas mais comuns das pessoas diagnosticadas com transtorno bipolar, bem como de seus familiares e amigos.

As descrições de medicamentos e terapias correspondem às informações de caráter geral e disponíveis por ocasião da publicação da obra. De maneira alguma substituem a orientação de um médico, psiquiatra ou outro profissional da área de saúde, que deve ser sempre consultado no caso de qualquer questionamento acerca do tratamento proposto e dos medicamentos e dosagens prescritas. Somente ele poderá avaliar a complexidade de cada caso e a viabilidade das opções.

Não foram mencionados nomes genéricos ou comerciais, dosagens ou formas de uso de medicamentos para não estimular a automedicação. Recomenda-se a leitura cuidadosa das bulas que os acompanham, principalmente as referências às interações, contraindicações e precauções. Eventuais discordâncias devem ser resolvidas com a ajuda de um especialista. Essa atitude é especialmente importante no caso de medicamentos novos.

Paulinas Editora não é responsável por qualquer erro, omissão ou declaração incorreta, bem como por decisões e atos baseados nas informações aqui contidas.

Cumpre-nos ainda advertir que, caso você perceba comportamentos associados ao transtorno bipolar em si ou em um ente querido, e de alguma forma evidencie-se risco de vida, não devem ser ultrapassados os limites de sua capacidade ou conhecimento. Procure ajuda especializada o mais rapidamente possível.

PREFÁCIO

O transtorno bipolar do humor – a imersão em sensações que se alternam entre euforia e depressão – influencia completamente a vida do indivíduo doente e a de seus familiares.

Dificilmente haverá um transtorno que combine melhor com a correria de nossa época, em que tudo acontece de maneira extremamente veloz. Milhões de pessoas são afetadas por ele [no Brasil estima-se que sejam afetados 3 a 8% da população, segundo diferentes estudos], mas não são muitas as informações disponíveis para o público leigo em geral. Haverá um grau da doença considerado "aceitável"?

O transtorno bipolar do humor com frequência é diagnosticado tardia e erroneamente, inviabilizando algumas abordagens terapêuticas. Trata-se de uma doença malcompreendida, tanto pela medicina quanto pelo público em geral.

Este livro reúne perguntas de pacientes e de seus familiares que foram feitas em minha clínica ao longo dos anos, durante as consultas, em grupos de autoajuda e em grupos de apoio a familiares. Estes são, portanto, seu principal público-alvo. Mas também pode ser útil para médicos, psicólogos e pessoas que trabalham na área de saúde, como assistentes sociais e enfermeiras, que atuam no tratamento e acompanhamento de pessoas acometidas pelo transtorno bipolar.

Gostaria de agradecer aos grupos de autoajuda em Chemnitz, Leipzig e Dresden, aos pacientes e à equipe da Clínica de Chemnitz, bem como a muitos membros da Associação Alemã de Transtornos Bipolares (*Deutsche Gesellschaft für Bipolare Störungen* – DGBS) pelos numerosos estímulos recebidos. Também sou grato a Gerd Dietrich por sua colaboração. Meu agradecimento especial a Stephanie Krüger por seu apoio constante.

PROF. DR. PETER BRÄUNIG

SINTOMAS

O que é transtorno bipolar do humor?

Essa doença tem muitas faces. Nesta primeira parte do livro, você ficará sabendo quais são os principais indícios que a caracterizam e as várias formas em que se manifesta.

Entendendo os conceitos

1. O que é transtorno bipolar do humor?

O transtorno bipolar do humor é a doença das emoções extremas e das variações súbitas de humor. Os sentimentos parecem uma montanha-russa: ora a pessoa se sente no fundo do poço e nada dá certo, ora a sensação é de euforia comparável a um vulcão em erupção. Esse sobe e desce, bem como a instabilidade emocional (inconstância de sentimentos de aparência "caprichosa") são companheiros constantes da vida – aparecendo ora com maior ora com menor nitidez.

Mania [ou euforia] quer dizer que o humor e a vida sentimental estão em ebulição e o comportamento foge do controle. Depressão significa tristeza, inibição, angústia, falta de iniciativa e motivação.

Porém, euforia e depressão têm muitas faces, e não é fácil identificar as diversas variantes e formas de apresentação das doenças maníaco-depressivas ou bipolares. Além disso, os sintomas da doença não aparecem de modo duradouro, sem qualquer interrupção, mas em fases.

Entre as fases agudas da doença ocorrem alguns intervalos, nos quais a doença maníaco-depressiva parece "dormir" – ora um sono profundo, ora nem tanto. Da mesma maneira, durante esses intervalos, os sintomas não aparecem ou aparecem de forma muito atenuada. No entanto, o término de um ciclo agudo não significa que a doença foi curada, apenas que se aquietou.

PRINCIPAIS CARACTERÍSTICAS DO TRANSTORNO BIPOLAR DO HUMOR

- oscilações de humor, ora pouco, ora extremamente acentuadas;
- instabilidade emocional constante, ora pouco, ora extremamente acentuada;
- ciclos de depressão e hiperatividade mais longos ou mais rápidos;
- manifestações muito variadas da doença, tendo em vista o tipo de episódio, sua gravidade, duração e quantidade de ciclos por ano;
- entre os episódios agudos a doença parece "dormir", mas não está curada, e os ciclos tendem a ocorrer reiteradamente.

Com muita frequência o transtorno bipolar aparece de forma repetida, sendo que os intervalos entre as fases agudas da doença variam quanto à duração. Há pessoas que, ao longo de toda a vida passam por apenas poucas fases agudas, enquanto outras passam por muitas. A duração dos episódios também oscila muito. As fases agudas da doença podem ocorrer espontaneamente, portanto sem qualquer causa externa, ou podem ser provocadas por estresse e acontecimentos opressivos.

Os esclarecimentos dados a seguir visam explicar as formas muito diferenciadas e as numerosas variações de manifestação desse transtorno.

2. Um novo nome para uma "velha" doença?

Na psiquiatria moderna, praticamente não se usa mais a designação "doença [ou psicose] maníaco-depressiva". Para a doença caracterizada pela alternância de períodos de depressão e de hiperexcitabilidade ou mania fixou-se a denominação "transtorno bipolar do humor".

Esse transtorno está entre as doenças mais antigas que se conhece na medicina. A mania [euforia] e a depressão já haviam sido descritas na Grécia antiga por Hipócrates e pelos médicos de sua escola. A tradição nos informa que a conexão direta entre as duas já era do conhecimento dos médicos em Alexandria, há mais de 2000 anos. Entretanto, esse tesouro de experiências logo cairia no esquecimento.

A doença só seria redescoberta em meados do século XIX por dois médicos franceses, que a chamaram de "loucura circular". Com o termo "circular" Jean Pierre Falret e Jules Baillarger quiseram apontar os altos e baixos recorrentes entre euforia e depressão.

Portanto, os termos "maníaco-depressivo" e "bipolar", assim como "transtorno afetivo bipolar", designam a mesma doença, caracterizada por alterações do humor, dos sentimentos ou das emoções.

3. As oscilações do humor não são normais?

De fato, há pessoas cujo temperamento é determinado por oscilações irregulares do humor, da vida sentimental e da vitalidade. Porém, há casos em que esses altos e baixos são tão extremos que chegam a causar sofrimento e as tornam incapazes de trabalhar e ou de manter relações afetivas e familiares estáveis. Nesse caso, a fronteira da vida normal quanto ao humor e aos sentimentos foi claramente ultrapassada.

Todavia, os pontos de transição entre um temperamento intenso e o transtorno bipolar do humor podem ser extremamente fluidos. É por isso que é tão difícil fazer o diagnóstico, especialmente nos estágios mais leves da doença.

4. Por que se fala de doença mental?

Nossa mente, o fundamento supremo da alma humana, abrange uma quantidade infinita de emoções – ou seja, modificações do estado mental ou experiências ligadas à vida sentimental. Por estarem vinculadas a funções e faculdades biológicas que ajudam a assegurar a sobrevivência da espécie humana, as emoções se tornaram próprias do ser humano na história da evolução.

Em nosso cérebro, existe um centro de coordenação que cuida da cooperação significativa das emoções com outras funções do cérebro ("sistema límbico"). Em alguns casos, o centro regulador das emoções sai do ritmo. É dessa perturbação funcional que derivam os sintomas do transtorno bipolar.

O espectro dos nossos sentimentos é extraordinariamente amplo: há emoções que derivam de necessidades fisiológicas básicas (fome, sede, abrigo, descanso, sono, sexo etc.), outras do estado positivo ou negativo em que se encontra um ser humano (tais como: mal-estar, angústia, preocupação ou então bem-estar, felicidade, despreocupação). Nas relações com outras pessoas, desenvolvemos, por exemplo, simpatia e antipatia, amor e ódio, admiração e desprezo. Por fim, há emoções positivas e negativas, cuja origem está em nossas necessidades humanas de cunho estético, intelectual e espiritual. Essa história das emoções fica ainda mais complicada quando nos damos conta que muitos sentimentos escapam a uma classificação tão clara por terem as mais diferentes origens.

Contudo, comum a todas essas emoções é o fato de ocorrerem em oportunidades bem determinadas: é preciso um estímulo, um sinal para ativá-las. Às vezes basta um impulso mínimo, outras vezes é preciso um estímulo bem forte.

"BANHO TURCO DOS SENTIMENTOS"

No caso do transtorno bipolar, uma coisinha de nada é capaz de desencadear emoções extremamente intensas e, com bastante frequência, elas surgem sem qualquer detonador ou causa. Para as pessoas atingidas, isso é motivo de profunda irritação; elas se sentem irremediavelmente presas nesse "banho turco dos sentimentos" – ou seja, mergulhando em água fria depois de enfrentar uma sauna quente – e muitas vezes acham que estão perdendo o controle sobre o próprio comportamento.

---

5. Como os estados de humor relacionam-se às emoções?

As emoções são às vezes bastante efêmeras e às vezes extraordinariamente duradouras. A soma das impressões emocionais durante um período mais longo de tempo gera os estados de humor da vida sentimental do indivíduo, ou seja, a variedade infinita das impressões emocionais deixadas na vida psíquica de uma pessoa ganha uma expressão simplificada do humor que ela sente.

Se por longo tempo predominarem emoções extremamente negativas, o humor se torna depressivo ou melancólico. Predominando as emoções extremamente positivas, a pessoa se torna eufórica ou excitada. Quando o caos emocional se torna constante, o humor se torna instável.

6. Que imagem pode ser associada ao transtorno bipolar?

Já lhe aconteceu que o termostato do seu sistema de ar condicionado deixou de funcionar direito? Você percebe que o resfriamento não atinge a temperatura indicada, o aparelho não liga ou desliga sozinho e não permite a regulagem manual. Ou ele resfria excessivamente os ambientes ou não resfria de jeito nenhum e a sua casa parece um forno no verão. Ou, ainda, ele funciona de modo totalmente aleatório. Seja como for, esse problema só pode ser resolvido por um especialista, o técnico do ar-condicionado.

Algo similar ocorre com o desajuste da regulagem da vida sentimental no caso do transtorno bipolar. Quando o centro regulador no cérebro, que comanda as nossas emoções e as sintoniza umas com a outras, não funciona, as nossas sensações e os nossos estados de humor ficam descontrolados. Sozinhos não temos nenhuma condição de consertar isso; é necessário recorrer a um especialista. Nesse caso, quem pode ajudar é o médico especialista em doenças psíquicas: o psiquiatra ou o psicoterapeuta.

7. Como se manifestam os episódios do transtorno bipolar?

Há a depressão bipolar, a mania e os estados maníaco--depressivos mistos (sintomas: ver perguntas 14 a 19).

Além disso, há a hipomania, o que traduzido literalmente significa algo como "abaixo da mania". Isso quer dizer que ocorrem sintomas de euforia parecidos com os da mania, só que bem menos nítidos. Em consequência, o indivíduo que sofre de hipomania é bem menos afetado em seu cotidiano do que alguém que foi acometido por uma mania. Essa distinção tão clara se faz necessária porque os diferentes tipos de transtornos bipolares se manifestam de variadas formas e, depois de crises de depressão mais ou menos graves podem aparecer exclusivamente hipomanias, mas não manias graves (transtorno bipolar tipo II: ver pergunta 10).

8. O que significa "espectro bipolar"?

O transtorno bipolar pode, como outras doenças, ter diferentes graus de gravidade. Dependendo da gravidade dos episódios maníacos, depressivos e mistos, diferencia-se o transtorno bipolar tipo I, tipo II e a ciclotimia. Essa magnitude dos diferentes graus de gravidade é também chamada de espectro bipolar (ver gráfico abaixo).

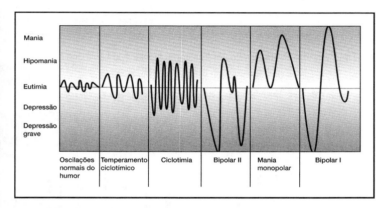

❖ Espectro bipolar – classificação dos transtornos bipolares

9. O que é um transtorno bipolar tipo I?

No transtorno bipolar tipo I, depois de uma depressão ocorre um período de manias ou um estado misto (ver gráficos da p. 18). Esse diagnóstico é feito quando já houve a ocorrência de pelo menos dois episódios de transtorno bipolar e quando, durante um dos episódios, puderam ser constatados claramente os sintomas de uma mania (sintomas da mania: ver pergunta 15).

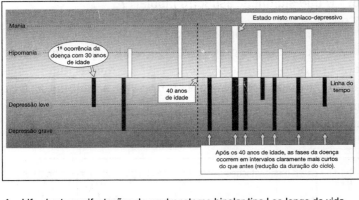

❖ *Life chart:* manifestações de um transtorno bipolar tipo I ao longo da vida

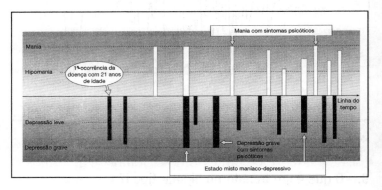

❖ *Life chart:* manifestações de um transtorno bipolar tipo I ao longo da vida

10. O que caracteriza um transtorno bipolar tipo II?

No caso do transtorno bipolar tipo II, ao longo da vida há episódios depressivos de gravidade diversa, limitando-se, contudo, a hipomanias, jamais ocorrendo manias graves plenamente caracterizadas (ver gráfico a seguir).

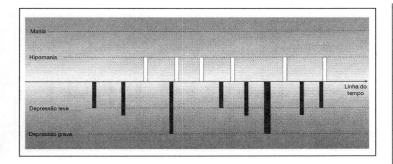

❖ *Life chart:* manifestações de um transtorno bipolar tipo II ao longo da vida

11. O que é ciclotimia?

A melhor maneira de descrever o temperamento de algumas pessoas é este: "nas nuvens de tanta alegria, morrendo de tristeza". Às vezes, o sobe e desce das emoções e do humor é tão pouco acentuado, que se opta por não falar de uma doença, mas apenas de uma ênfase bipolar do temperamento. Contudo, quando o humor costuma se manifestar em altos e baixos e passa a prejudicar o bem-estar e a capacidade produtiva da pessoa, trata-se de um caso de ciclotimia. Em termos de gravidade, é mais nítido do que no caso de pessoas com temperamento bipolar, mas não chega a ser tão intenso quanto no caso do transtorno bipolar tipo I ou tipo II. A passagem do temperamento bipolar para o transtorno bipolar, porém – nunca é demais acentuar –, é fluida (ver gráfico a seguir, ver também a pergunta 3).

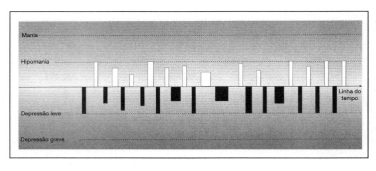

❖ *Life chart:* manifestações ciclotímicas ao longo da vida

12. O que é uma depressão "pseudounipolar"?

A maior parte dos transtornos bipolares – entre 60 e 80% dos casos – começa com uma depressão. Frequentemente, depois de um primeiro episódio depressivo, em algum momento posterior, ocorre uma segunda depressão. Por isso, as pessoas atingidas não sabem se sofrem de depressão (doença depressiva de um só polo ou unipolar) ou se mais tarde o transtorno do humor se revelará como bipolar mediante a ocorrência de manias, hipomanias ou estados mistos (ver gráfico a seguir). Contudo, tendo em vista o tratamento medicamentoso e psicoterapêutico, e o aconselhamento dos pacientes e de seus familiares, é importante saber o diagnóstico correto o mais cedo possível.

Chamamos de "pseudounipolar" a doença que se manifesta inicialmente com depressões reiteradas, quando determinados sintomas ou outros sinais indicam que, em algum momento futuro, é provável que ocorram manias ou hipomanias. Esses indícios são chamados de "sinais leves de bipolaridade" (ver pergunta 20). Temos um indício claro de depressão pseudounipolar, por exemplo, quando há um agravante de risco familiar para a doença: quando um paciente com depressão tem parentes consanguíneos com hipomanias ou manias, portanto, com transtorno bipolar. No caso desses pacientes, é grande a probabilidade de que no futuro ocorrerá uma hipomania, uma mania ou um estado misto maníaco-depressivo.

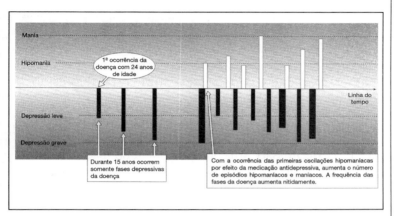

❖ *Life chart:* caso exemplar de depressão pseudounipolar

Visão geral das doenças bipolares e seus sintomas

Bipolar tipo I	fases depressivas e maníacas da doença
Bipolar tipo II	depressão e formas leves de mania (hipomania)
Ciclotimia	quase sempre sintomas depressivos leves e sintomas maníacos leves (hipomaníacos)
Depressão pseudounipolar/ Transtorno bipolar "mascarado"	no decurso da doença, até o presente momento apenas episódios depressivos; sob o efeito da medicação antidepressiva aumenta o risco de tornar-se maníaco ou hipomaníaco; ocorrência de transtorno bipolar na família

13. Como se distingue a depressão bipolar de outras formas de depressão?

Depressões bipolares se distinguem de outras formas de depressão porque fazem parte da manifestação da doença ao longo do tempo, quando também ocorrem manias, hipomanias e estados mistos bipolares. Por essa razão, as depressões bipolares recebem um tratamento diferente do que é dado a outras formas de depressão.

Ainda não existe um exame de laboratório, nem um exame radiológico, nem qualquer outro recurso técnico com que se pudesse distinguir uma depressão bipolar de uma depressão unipolar. Há, no entanto, uma série de características clínicas simples de serem constatadas e que facilitam essa distinção tão importante do ponto de vista terapêutico.

AS PRINCIPAIS DIFERENÇAS ENTRE DEPRESSÃO BIPOLAR E DEPRESSÃO UNIPOLAR

- Depressões bipolares ocorrem mais cedo na vida (da 2ª até 3ª década de vida) do que as depressões unipolares (da 4ª até a 5ª década de vida).

- O quadro sintomático apresenta traços mais nítidos no caso da depressão bipolar, sendo mais frequentemente caracterizado pela necessidade cada vez maior de dormir e pela falta de energia e iniciativa.

- No caso da depressão bipolar, os episódios são mais breves e se sucedem mais rapidamente do que no caso da depressão unipolar.

- Durante os episódios depressivos bipolares podem ocorrer sintomas maníacos isolados ou acumulados, de modo que a passagem para os estados mistos maníaco--depressivos de cunho depressivo pode ser fluida.

Os sintomas bipolares

14. Como se apresenta a depressão bipolar?

• *Vida sentimental, humor:* abatimento, sensações de angústia, tristeza, preocupação, falta de ânimo, mal-estar, desespero, falta de alegria, sentimentos de infelicidade, desconsolo ou uma inibição dos sentimentos percebida como "frieza" ("sensação de ausência de sentimento"), incapacidade de fruição, desesperança, ideias suicidas, impulsos suicidas.

• *Autoestima:* sentimentos de inferioridade e de menosprezo, autodepreciação, sentimentos de culpa, fracasso, pecaminosidade, derrota.

• *Iniciativa, atividade:* inibição, inatividade, falta de interesse, falta de motivação, lentidão de movimentos, incapacidade de iniciar algo.

• *Pensamento, fala:* pensamento lento, inibido ou bloqueado, falta de ideias e fantasias, constante remoer dos mesmos conteúdos depressivos e/ou preocupantes, dificuldade de concentração e atenção, perturbação da capacidade de compreensão, voz apagada e fala lenta, diminuição da fala espontânea, vocabulário reduzido, repetição constante das mesmas manifestações depressivas, inibição da fala ou choradeira agitada e desanimada.

• *Condição física:* cansaço e sensação de esgotamento, falta de energia, maior necessidade de descanso, desejo sexual reduzido, mal-estar físico, dificuldade de adormecer e sono descontínuo, despertar prematuro ou maior necessidade de sono.

• *Comportamento:* retraimento, falta de vontade de empreender atividades, inatividade, evitamento da convivência com outras pessoas, atitude medrosa, comportamento exageradamente defensivo (cuidadoso em demasia).

- *Psicose:* menosprezo (sentimentos ilusórios de inferioridade), peniomania (mania de pobreza), enosimania (sensação de que todo ato é pecado), sentimento constante de culpa, nosomifalia ou hipocondria (crença infundada de padecer de doenças graves imaginárias).

- *Sintomas psicóticos graves:* alucinações acústicas e ópticas, mania de perseguição angustiante.

15. Quais os sintomas que permitem reconhecer uma mania?

- *Vida sentimental, humor:* sensação de euforia: felicidade, alegria pronunciada, soberba, gracejos exagerados, excitação positiva dos sentimentos, volúpia, otimismo exagerado/acrítico, necessidade exagerada de fruição, generosidade exagerada, sentimentos exagerados/acríticos de amor e simpatia.

- *Humor disfórico:* irritabilidade, ira, contrariedade, raiva, egoísmo, aborrecimento, antipatia exagerada (ódio), vontade de brigar, contrariedade.

- *Autoestima:* superestimação de si mesmo, necessidade de se impor, sentimentos de grandeza, sentimentos de superioridade, consciência de ter uma missão, teimosia, consciência exagerada de poder e força.

- *Impulso/atividade:* hiperatividade, necessidade de ocupar-se e de estar em movimento, inquietação, hipermotivação, dar início a várias atividades e não terminá-las, vontade de querer fazer muita coisa ao mesmo tempo.

- *Pensamento, fala:* pensamento acelerado, frenético, dispersividade, dificuldade de concentração, pensamento desconexo, divagante ("viajando na maionese"), vocabulário vasto, fantasia e riqueza de ideias fora do comum, criatividade fora do comum, planos irrealistas, necessidade de falar, falar alto e rápido, autocrítica reduzida, avaliações superficiais.

• *Condição física*: energia excessiva, vitalidade fora do comum, extraordinária sensação de força, necessidade reduzida de descanso e sono, aumento das necessidades sexuais.

• *Comportamento maníaco:* sociabilidade exagerada, necessidade fora do comum de empreender coisas, esnobismo, imprudência, maior disposição de correr riscos, gastos impensados, negócios irrefletidos com consequências negativas de longo prazo, falta de escrúpulos, relacionamentos efêmeros, atitudes desregradas (comportamentos atípicos quando em períodos saudáveis, como, por exemplo, praticar jogos de azar, frequentes noitadas em bares, viagens irrefletidas), comportamento desinibido, provocação de conflitos e brigas, agressividade.

• *Psicose:* megalomania, hieromania (obsessão por religião), erotomania (delírio em que a pessoa está convencida de que alguém – muitas vezes uma celebridade – está apaixonada por ela, embora não haja nenhuma razão plausível para tal suposição).

• *Quadro sintomático grave:* ilusões ópticas (ver coisas irreais), ilusões acústicas (ouvir coisas irreais), inspiração de ideias "divinas", mania de perseguição, mania de ofensa.

16. Quais os sintomas da hipomania?

No caso de pessoas com hipomania, quase todos os sintomas da mania ocorrem de forma bastante atenuada (nunca os sintomas psicóticos). Às vezes, uma hipomania se manifesta como disposição mental e humor especialmente alegre, com vitalidade e vivacidade exacerbadas, muitas ideias, agilidade mental, espirituosidade e humor arrojado, espírito empreendedor. Paralelamente evidenciam-se a superficialidade e descontinuidade do pensamento, a sensibilidade e irritabilidade e a improvisação.

É comum ocorrerem todas as formas de sensações de incômodo, má vontade e irritação. Frequentemente, porém, só se consegue identificar as hipomanias nos comportamentos correspondentes derivados das sensações positivas e/ou negativas: inquietude, agitação, sociabilidade exagerada e espírito empreendedor, todo tipo de atitudes desregradas, comportamento de risco e gerador de conflitos. Frequentemente o comportamento hipomaníaco só é reconhecido quando já ocorreram consequências negativas.

17. É possível ser ao mesmo tempo depressivo e maníaco?

Sim, sintomas maníacos e depressivos podem ocorrer concomitantemente ou em rápida alternância. Nos estados mistos, podem ocorrer todos os sintomas listados nas perguntas 14 e 15.

18. O que são estados mistos de bipolaridade tipo II?

Por estados mistos de bipolaridade tipo II entende-se uma mistura de sintomas depressivos e hipomaníacos. Muitas vezes, esses episódios bipolares são caracterizados por forte inquietação e comportamento exageradamente mal-humorado e incomodado, bem como por transtornos do sono e sensações de esgotamento. O espectro sintomático também inclui infatigabilidade desgastante e mal-estar físico.

19. Por que é tão difícil reconhecer a ciclotimia?

Por muitas razões, o diagnóstico da ciclotimia (ver pergunta 11) realmente é problemático. No decurso de um transtorno bipolar, uma pessoa pode ter, entre manias e depressões bem claras, fases com humor instável, que se caracterizam por altos e baixos pouco acentuados, mas irregulares e inconvenientes. Isso significa que não são poucos os pacientes que, além da ciclotimia, têm um transtorno bipolar tipo I ou tipo II. Muitos dos que apresentam esses sintomas não procuram ajuda médica porque já estão habituados, embora sofram em decorrência deles –, e tampouco querem seguir um tratamento. Outros sofrem tratando as consequências do transtorno psíquico, mas não sabem que precisariam tratar a ciclotimia.

20. O que são "sinais leves de bipolaridade"?

Por "sinais leves de bipolaridade" – traduzido do inglês *soft bipolar signs* – entendemos indícios de que no futuro determinado paciente muito provavelmente desenvolverá uma hipomania, uma mania ou estado misto maníaco-depressivo; todavia, as manifestações da doença até este momento só permitiram identificar episódios depressivos.

AS SEGUINTES CARACTERÍSTICAS VALEM COMO SINAIS LEVES DE BIPOLARIDADE

- histórico familiar de transtornos bipolares;
- transtornos afetivos em três gerações sucessivas de uma família;
- hipomanias desencadeadas por antidepressivos;
- crises frequentes de depressão, com início e fim repentinos;
- episódios de depressão ocorridos na infância ou no começo da idade adulta, nos quais foram percebidas confusões mentais ou ilusões dos sentidos.

21. O que se entende hoje por "psicose"?

No passado, o termo "psicose" muitas vezes foi usado de forma pouco cuidadosa. Assim, por exemplo, as doenças mentais, tais como os "transtornos depressivos recorrentes" e os "transtornos bipolares", eram designadas *psicoses endógenas*. Mas entre estas se contava também a esquizofrenia, que deve ser vista como um caso muito mais sério, devido ao quadro sintomático e à sua evolução, bem como por causa das deficiências psíquicas muitas vezes associadas a ela (por exemplo, sensações superficiais e embotadas duradouras, falta ou limitação duradoura da necessidade de contato com outras pessoas, indiferença em relação à sua própria pessoa). Por causa desse caráter diferenciado, as doenças mentais e as esquizofrenias são hoje distinguidas claramente em termos de linguagem.

Antigamente o termo "psicose" também foi empregado para caracterizar sintomas e grupos de sintomas pouco específicos (comportamento excitado e desorganizado) que, contudo, podem ocorrer em muitas doenças psíquicas diferentes. Em consequência, nunca ficava bem claro se, ao usar o termo, a intenção era designar uma doença ou apenas certos sintomas. Frequentemente ainda se comete o erro de empregar os termos "psicótico" e "esquizofrênico" ou "psicose" e "esquizofrenia" com o mesmo significado. Isso está errado, porque apesar de muitos pacientes, durante as crises, apresentarem sintomas psicóticos passageiros (isto é, afecções graves da psique, com alucinações e delírios), não têm esquizofrenia.

Em decorrência dessa imprecisão linguística, houve uma quantidade enorme de mal-entendidos, que levaram inclusive a erros no tratamento de pacientes. Por essa razão (e também para aliviar a carga pejorativa associada a um problema muito menos terrível do que o termo fazia supor), no caso dos transtornos bipolares, empregam-se hoje os termos "psicose" e "psicótico" para designar apenas determinados sintomas ou grupos de sintomas, mas não para designar a doença.

PSICOSE ESQUIZOAFETIVA

O diagnóstico da psicose esquizoafetiva possui longa tradição. Ele foi elaborado quando, em caso de transtornos mentais, também se manifestavam sintomas psicóticos. Por essa razão, esse diagnóstico também foi acolhido nos atuais manuais de diagnóstico CID-10 [*Classificação Estatística Internacional de Doenças e Problemas Relacionados à Saúde*, 10. ed.] e DSM-5 [*Manual Diagnóstico e Estatístico de Transtornos Mentais*, 5. ed.]. Entretanto, estudos mostraram que não faz sentido distinguir psicoses esquizoafetivas de transtornos bipolares com características psicóticas nem de outros diagnósticos. Por essa razão, prevê-se que esse conceito diagnóstico não terá futuro na próxima etapa do desenvolvimento dos manuais diagnósticos.

22. O que são sintomas psicóticos?

Designamos de "psicóticos" os sintomas que, nas pessoas com transtornos bipolares, levam a perturbações da mente e dos sentidos, como confusão mental, comportamento desorganizado, alucinações e delírios, comuns nos graus extremos da mania. Por esse motivo, ficam temporariamente sem condições plenas de fazer avaliações realísticas de sua própria pessoa e de seu entorno e de orientar sua ação por elas.

A capacidade de compreensão e julgamento, assim como o bom senso e a faculdade de agir de maneira ponderada ficam claramente prejudicadas. As pessoas dão a impressão de estarem desnorteadas ou confusas e têm um comportamento desconexo. Muitas vezes elas nem percebem que estão doentes e que suas funções psíquicas estão perturbadas. Ao contrário, acreditam que seu entorno, incluindo as pessoas à sua volta, tenha sido modificado. Com frequência, elas têm sentimentos de angústia ou de ameaça, que passam a ser fonte de manias de perseguição e ofensas.

As avaliações equivocadas da realidade e alucinações levam a comportamentos que parecem esquisitos e incompreensíveis a quem vê de fora, inclusive porque às vezes podem ter algo de imprevisível e ferem o que se concebe como norma usual. Por exemplo, na fase maníaca as pessoas relatam, eufóricas, terem ouvido a voz de Deus, receberem inspirações divinas ou serem o próprio Messias. Os demais podem estranhar o zelo missionário e a megalomania do "Messias maníaco" porque não combinam nem um pouco com o comportamento dele em períodos saudáveis.

Hoje em dia, os sintomas psicóticos que ocorrem no quadro de transtornos bipolares são tratáveis, com bastante êxito (ver perguntas 123-130).

A OCORRÊNCIA DE SINTOMAS PSICÓTICOS É PASSAGEIRA

Os sintomas psicóticos podem ocorrer em doenças bastante distintas, como em transtornos psíquicos, dependência de drogas e álcool, doenças mentais, anormalidades na produção hormonal causadas por outras doenças etc. Com raras exceções, trata-se de fenômenos passageiros.

Isso vale de modo bem especial para o transtorno bipolar: sintomas psicóticos, quando ocorrem, são apenas passageiros. Eles indicam que o respectivo episódio da doença manifesta-se com contornos muito acentuados. No caso de estados mistos maníaco-depressivos e de manias, eles ocorrem com frequência bem maior do que no caso de depressões bipolares.

A frequência dos transtornos bipolares

23. Qual o grau de ocorrência dos transtornos bipolares?

Aqui é importante diferenciar entre transtorno bipolar tipo I e transtorno bipolar tipo II. Em âmbito mundial, estima-se que cerca de 1,5% dos adultos padeça de transtorno bipolar tipo I. De acordo com estudos mais recentes, o número de pessoas acometidas pelo transtorno bipolar tipo II parece ser bem maior. Pesquisadores suíços relatam que cerca de 11% da população é prejudicada por essa forma da doença.

Portanto, milhões de pessoas sofrem de oscilações do humor e de profundas limitações em sua vida sentimental, que podem levar a grandes prejuízos na qualidade de vida.

24. Homens e mulheres são acometidos por igual?

O nível de risco de adoecer de um transtorno bipolar tipo I é igual para homens e mulheres. O transtorno bipolar tipo II é mais frequente em mulheres.

A evolução dos transtornos bipolares

25. Em que idade começa a doença?

Os primeiros indícios de um transtorno bipolar podem ocorrer já na infância e na juventude. Cerca de 30%

dos pacientes relatam a manifestação dos primeiros sintomas antes de completarem 13 anos de idade; 65% tinham menos de 18 anos de idade quando os sintomas começaram a se manifestar. Mais raramente as doenças começam a ocorrer após os 35 anos de idade.

26. Como a doença começa?

Na maioria dos pacientes, os sintomas iniciais não são muito característicos: temores, inquietação, transtornos do sono, abatimento, hiperatividade, dificuldade de concentração e de atenção, comportamento opositor, inconveniente, fortes oscilações dos sentimentos. Consumo precoce de fumo, álcool ou drogas são outras características não específicas relatadas entre os jovens, que podem não apenas mascarar o diagnóstico como, por consequência, dificultá-lo. Na fase inicial da doença (antes dos 18 anos de vida), a evolução não é tão claramente subdividida em fases como na idade adulta; mais raramente é possível delimitar claramente os episódios individuais. Também ocorrem, com frequência, sintomas psicóticos ou similares aos psicóticos (ver pergunta 22).

Se contarmos somente os episódios que podem ser claramente caracterizados, o transtorno bipolar inicia em mais de 60% dos casos com uma depressão (incluídos os estados mistos depressivos).

27. Depressão ou bipolaridade?

Mesmo que inicialmente o indivíduo só tenha apresentado depressões recorrentes, em algum momento podem somar-se a elas manias ou hipomanias. Na metade dos casos de pacientes com depressões recorrentes, até mesmo após o decurso de vários anos ainda pode ocorrer uma hipomania, uma mania ou um estado misto; é só então que o transtorno se revela como bipolar (ver também pergunta 12). Para o médico, essa informação é muito importante, porque traz consequências para a análise da evolução da doença, para a terapia preventiva da recidiva e para o aconselhamento do paciente.

28. O que se pode esperar a longo prazo?

Formas pouco acentuadas de transtornos bipolares são muito mais frequentes que transtornos bipolares graves.

Entretanto, se tomarmos como base a evolução dos transtornos bipolares desde sua primeira ocorrência até a idade avançada do paciente, constatamos que também no caso de transtornos pouco acentuados é possível que ocorra um ou outro episódio grave.

29. Qual a forma mais frequente? A grave ou a leve?

Tomando como critério a totalidade das pessoas acometidas de transtornos bipolares, a maioria esmagadora é atingida de maneira leve, e só uma pequena minoria padece de formas mais graves da doença.

Quem já visitou uma clínica ou hospital psiquiátrico pode ter tido a impressão oposta, mas essa imagem não pode ser generalizada, já que nas clínicas, como é natural, são tratados principalmente os pacientes que estejam atravessando episódios mais graves.

VOCÊ NÃO ESTÁ SOZINHO

É recomendável que os pacientes (e seus familiares) participem de grupos de apoio, onde poderão tirar dúvidas, obter impressões mais realistas e ver como outras pessoas lidam com a doença.

---

30. Como se avalia a gravidade do transtorno?

As características de um transtorno bipolar grave são as seguintes:

❖ pouca idade no início do transtorno;
❖ episódios muito frequentes, como, por exemplo, uma vez ou diversas vezes por ano;

- episódios frequentes e bastante acentuados, como, por exemplo, episódios bipolares com sintomas psicóticos;
- duração bastante longa dos episódios individuais e uma retração incompleta do quadro sintomático;
- doenças físicas e/ou psíquicas colaterais com efeitos negativos sobre o transtorno bipolar (por exemplo, vícios);
- ideias ou tentativas de suicídio frequentes.

31. Quanto tempo duram os episódios de mania e/ou depressão?

	Mania	Depressão
Não tratada	Em média de 2 a 4 meses	Os sintomas podem ser sentidos por 3 a 6 meses
Tratada com medicamentos	Depois de 3 a 6 meses os sintomas estão bastante bem controlados	Os sintomas são bastante leves e duram de 1 a 3 meses

32. Qual o intervalo entre os episódios?

Isso varia de caso para caso. De maneira geral, pode-se dizer que as manifestações dos transtornos afetivos bipolares tendem a ocorrer em intervalos irregulares e esses intervalos podem ser de vários anos. Em casos mais graves, contudo, os sintomas podem voltar a ocorrer depois de poucos dias ou semanas.

33. O intervalo entre os episódios da doença se modifica?

Sim. A cada episódio superado aumenta a probabilidade de uma nova ocorrência. Quanto mais episódios tiverem ocorrido, mais curtos tendem a ser os intervalos entre eles no futuro, ou seja, novos episódios da doença se sucedem cada vez mais rápido.

34 O que é "ciclagem rápida"?

"Ciclagem rápida" quer dizer algo como "mudança rápida" e significa que, no período de um ano, ocorrem pelo menos quatro episódios da doença (ver gráfico a seguir). Entre os pacientes internados em clínicas, pelo menos 20% apresentam temporariamente tal sinal de gravidade e complexidade. Pacientes bipolares com ciclagem rápida exigem estratégias de tratamento diferentes daquelas usadas em doentes com ciclos mais longos. Por essa razão, é importante fornecer ao médico informações precisas sobre todas as fases leves e graves da doença.

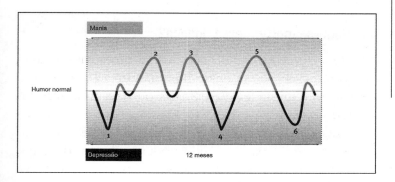

❖ *Life chart:* evolução de um caso de ciclagem rápida

35. O que é um "*life chart*"?

Life chart [ou mapa de vida] é a representação gráfica de todos os episódios de depressão, mania ou hipomania do paciente com transtorno bipolar. Para isso, o tipo, a duração e a gravidade dos episódios individuais devem ser registrados com precisão numa linha de tempo, assim como o tratamento administrado e seu grau de efetividade. Desse modo é "mapeada" a evolução da doença até o momento atual.

Por meio do *life chart* se pode, por exemplo, reconhecer se uma medida preventiva de recidiva foi bem-

-sucedida, pois, em caso afirmativo, os novos episódios da doença que ocorressem posteriormente seriam menos graves. Os gráficos apresentados até agora são exemplos de *life charts*. No final do livro, você encontra uma página para documentar a sua própria evolução.

36. É preciso contar com quantos episódios da doença?

Cerca de um terço dos pacientes com transtorno bipolar passa, no decorrer de sua vida, por 1 a 4 episódios de depressão, mania e/ou hipomania. Logo, exatamente 70% das pessoas acometidas pelo transtorno bipolar sofrem 5 ou mais episódios da doença.

37. Pode-se morrer dessa doença?

O transtorno em si não causa a morte. Entretanto, por causa das oscilações de humor, a taxa de suicídio é nitidamente mais elevada entre as pessoas com transtorno bipolar (cerca de 10-15%). De 25 a 50% dos pacientes tentam pelo menos uma vez na vida o suicídio e os danos colaterais para a saúde podem ser consideráveis. Portanto, o risco de suicídio e as sequelas de uma tentativa frustrada são as piores ameaças para as pessoas doentes.

FALE SOBRE O ASSUNTO!

Se você tem ideias suicidas, é preciso informar seu médico sem demora! Hoje em dia, há bons tratamentos medicamentosos que podem ajudar! Converse também com os seus familiares e seus amigos. Falando abertamente sobre o perigo que corre, você contribui decisivamente para a tomada de medidas úteis e preventivas.

38. Os transtornos bipolares curam-se por si mesmos?

Essa é uma pergunta difícil de ser respondida, porque ainda são poucas as pessoas doentes que buscam auxílio médico ou permanecem em tratamento – sobretudo quando os episódios são pouco acentuados e os intervalos entre eles muito longos.

Os pacientes com formas muito suaves da doença e evoluções favoráveis muitas vezes não são detectados pelos estudos; por essa razão, a questão permanece obscura, tanto no que diz respeito à afirmação quanto à frequência com que os transtornos bipolares cessam por si mesmos. Segundo experiências pessoais, a taxa desse grupo de pacientes deve estar abaixo de 10%.

39. A doença deixa que sequelas?

Após fases agudas da doença, os sintomas maníacos e depressivos graves diminuem de intensidade; muitas vezes, contudo, ficam anomalias que podem prejudicar consideravelmente a capacidade produtiva: cansaço, dificuldade de concentração, pouca resistência psíquica e/ou emocional e, sobretudo, leves oscilações do humor que ocorrem sem motivo.

As sequelas para a saúde muitas vezes também têm efeitos consideráveis sobre os aspectos sociais: desemprego, desagregação da família, divórcios e não é raro que os amigos se afastem. Pesquisas de opinião apuraram que, dois anos após o primeiro episódio de transtorno bipolar, cerca de dois terços dos pacientes não têm mais emprego ou foram abandonados por seus familiares e amigos e vivem isolados.

Em cerca de metade das pessoas acometidas pelo transtorno bipolar, esses agravantes importantes, assim como toda e qualquer sequela negativa, favorecem o desenvolvimento de outras doenças psíquicas, como o abuso de bebidas alcoólicas e consequente dependência alcoólica ou distúrbios de angústia.

DIAGNÓSTICO

Como reconhecer e compreender a doença?

Só o diagnóstico correto viabiliza a melhor terapia. Com o auxílio das informações a seguir, você saberá qual o melhor caminho para chegar ao diagnóstico. Estando bem informado, você se sentirá mais seguro para lidar com as mudanças da vida.

O auxílio médico

40. Quando procurar um médico?

Quando ocorrem os primeiros sinais de alerta da doença (ver próxima seção) e as medidas adotadas para controlá-los não surtirem efeito no prazo máximo de 3 dias, é preciso buscar ajuda médica imediatamente. Em situações de crise e emergência, bem como em caso de risco de suicídio, um médico deve ser consultado sem demora.

41. Quais são os primeiros sinais de alerta?

Chamamos de sintomas precoces ou primeiros sinais de alerta os primeiros e mais tênues prenúncios de uma fase da doença. Eles são percebidos pelos próprios pacientes ou por pessoas próximas.

PRIMEIROS SINAIS DE ALERTA DE UMA DEPRESSÃO BIPOLAR

- humor temporariamente abatido;
- queda de rendimento, sensação de cansaço psíquico;

- dificuldades de concentração e atenção, dificuldades de aprendizagem, esquecimento;

- desconforto físico (por exemplo, sensação de esgotamento, membros pesados, batimentos cardíacos acelerados, sensação de angústia, dores de estômago, mal-estar, prisão de ventre ou diarreia etc.);

- perturbação do sono;

- tendência ao isolamento, diminuição da necessidade de ter contato com outras pessoas;

- menor necessidade de convivência e partilha com outros, mutismo;

- dificuldade de tomar iniciativa, problemas de motivação.

PRIMEIROS SINAIS DE ALERTA DE UMA HIPOMANIA OU MANIA

- atividade exagerada e ativismo, agitação, inquietação;

- menor necessidade de sono, vitalidade exagerada;

- maior necessidade de falar;

- distração, dificuldades de concentração;

- irritabilidade, inacessibilidade.

Os primeiros sinais de alerta são extremamente individualizados: cada pessoa acometida de transtorno bipolar tem um padrão bem pessoal. Por essa razão, o paciente deve, em conjunto com os familiares, registrar por escrito os primeiros sintomas de alerta. Planilhas específicas para isso você encontra no Anexo.

42. Por que uma reação imediata é tão importante?

O tratamento num momento bem inicial, ou seja, quando os sintomas só estão mínima ou levemente delineados, pode evitar novos episódios da doença com relativamente poucos recursos terapêuticos. O diagnóstico precoce possibilita um tratamento breve: frequentemente nesse caso tudo é bem menos grave.

43. A quem devo procurar?

O mais simples é procurar primeiro o seu médico. É alguém de sua confiança e, por isso, você pode aconselhar-se sobre a melhor coisa a fazer. Se na opinião dele o tratamento precisar ser acompanhado por um especialista, você receberá uma recomendação para isso. Naturalmente você também pode dirigir-se diretamente a um neurologista, a um psiquiatra ou psicoterapeuta, ou então a um departamento de psiquiatria de um hospital de referência ou diretamente a uma clínica psiquiátrica.

44. O que pode ser considerado uma emergência?

Trata-se de uma emergência quando a pessoa corre risco de vida (no caso, risco de suicídio) ou quando se teme que ela possa oferecer perigo para outras pessoas. Num caso desses, não hesite em procurar um médico ou chamar o serviço médico de emergência (telefone 192).

Se o doente reagir agressivamente durante o transporte, talvez também seja necessário acionar a polícia, porque alguns paramédicos podem, eventualmente, se negar a transportar a pessoa.

Também pode ser considerada uma emergência o fato de o quadro sintomático se tornar consideravelmente mais grave num curto período de tempo ou quando sintomas psicóticos tornam o comportamento imprevisível.

45. Quais são os sinais de alerta de um possível suicídio?

Durante os episódios da doença, especialmente no caso de depressões e estados mistos, deve-se ter sempre em mente o risco de que a pessoa cometa um atentado contra a própria vida. A ideia de que "quem fala não faz" é uma avaliação equivocada! Pensem sobre isso como familiares ou amigos.

> ## PENSE NISSO!
>
> Mais de 80% das pessoas que morreram em decorrência de um suicídio externaram sua intenção anteriormente de alguma forma!

Supere-se como paciente: confidencie-se com seu médico ou com familiares e amigos próximos de você. Estão em perigo especialmente as pessoas que já fizeram tentativas de suicidar-se ou repetidas vezes tiveram pensamentos suicidas. Alerta máximo quando alguém sinaliza direta ou indiretamente que está cansado de viver ou dá a entender e anuncia o suicídio. As seguintes características podem dar indicações de risco de suicídio:

❖ tentativas de suicídio anteriores;

❖ suicídios ou tentativas de suicídio por parentes consanguíneos;

❖ pensamentos suicidas ou sinal de estar cansado da vida;

❖ ações ou planos de preparação do suicídio;

❖ sentimentos infundados de culpa, de ter pecado, autodepreciação, consciência pesada;

❖ sentimentos extremos de culpa e/ou de ter pecado;

❖ agressividade direta ou indireta;

❖ agressividade inibida ou oprimida;

❖ inquietação e impulsividade, tensão;

❖ desejo de ficar em paz, sensação de esgotamento, desejo de "fazer uma pausa";

❖ sentimento de ser supérfluo, de ser apenas uma carga para familiares e/ou o entorno;

❖ convicção da própria inferioridade;

❖ desejo de retirar-se do convívio com outras pessoas e de estar só;

❖ pensamento de que toda a vida é/foi negativa, desesperança, falta de perspectiva.

Dificuldades para fazer um diagnóstico correto

46. O que se entende por "diagnóstico"?

Diagnosticar é a capacidade de reconhecer doenças. Um diagnóstico é a constatação de uma doença com o auxílio de métodos de investigação médicos e/ou psicológicos de eficiência comprovada. É preciso que haja determinados sinais da doença para que o médico possa fazer o diagnóstico correspondente. Um diagnóstico resume todas as características de uma doença e constitui uma espécie de conceito geral sobre ela. Por essa razão, ele também é uma simplificação, pois é mais simples dizer que alguém tem um transtorno bipolar do que enumerar cada um dos sintomas. Porém, a falta de um diagnóstico inviabiliza uma terapia objetiva!

47. Quanto tempo é necessário para chegar a um diagnóstico correto?

Entre os primeiros sintomas psíquicos e o diagnóstico médico de "transtorno bipolar" transcorrem em média dez anos. Só depois disso, portanto, dá-se início a um tratamento direcionado especificamente para o alívio dos sintomas. Esse lapso de tempo é demasiado longo. Por essa razão, atualmente muita coisa está sendo feita com o objetivo de melhorar o diagnóstico precoce do transtorno bipolar.

48. Por que às vezes o diagnóstico é tão demorado?

A gravidade e o alcance desse tipo de doença foram ignorados por demasiado tempo na medicina e na esfera pública. É raro os meios de comunicação veicularem relatos sobre transtornos bipolares; por esse motivo, a população não está informada e as pessoas não conseguem classificar suas oscilações de humor como uma doença psíquica que pode e deve receber atendimento médico. Em consequência, só depois de meses, às vezes até anos, após os primeiros indícios da doença, começam a receber tratamento médico especializado – muitas vezes quando os sintomas são tão evidentes que se faz necessário uma internação hospitalar.

Ademais, nem sempre é fácil constatar a doença, já que muitas vezes só depois de anos de episódios exclusivamente depressivos podem começar a ocorrer as fases maníacas que caracterizam o transtorno. Desse modo, é comum que o quadro sintomático completo da doença se manifeste após vários anos.

APROVEITE AS CHANCES QUE VOCÊ TEM!

Muitas pessoas têm receio de procurar um consultório médico especializado: somente 30% das pessoas acometidas de transtorno bipolar se submetem a um tratamento prescrito por seu médico pessoal; 10% procuram, devido aos seus sintomas, um médico da área de psiquiatria ou psicoterapia. Preconceitos muito difundidos, como "Isso é coisa de gente louca"; "Eu tenho algumas oscilações de humor, mas a minha cabeça é bem normal", impedem um tratamento precoce.

Aproveite as chances que você tem de exercer uma influência positiva duradoura sobre a doença e procure o quanto antes um médico especialista!

49. Por que procurar um especialista?

Num consultório médico especializado em psiquiatria e psicoterapia, as pessoas são especializadas justamente no diagnóstico e no tratamento de sintomas e doenças psíquicas. O médico especialista dispõe de conhecimentos específicos da psiquiatria e psicoterapia médicas. Com a mesma naturalidade com que se procura um dentista quando se tem dor de dente, deve-se procurar um especialista da área de saúde mental quando se está passando por algum sofrimento psíquico.

50. Como é uma consulta com um especialista?

O ponto central da consulta é o diálogo entre o paciente e o médico sobre sofrimentos e transtornos psíquicos atuais e passados. Nesse momento, deve-se realmente mencionar todos os problemas. Todas as funções psíquicas serão examinadas.

Também podem ser muito úteis para o diagnóstico as informações sobre a condição psíquica e o comportamento do paciente obtidas de pessoas de seu círculo mais íntimo de relações. Por essa razão, recomenda-se que, sempre que possível, o paciente seja acompanhado de um familiar.

Além disso, será feito um exame detalhado da condição física e serão levantados dados que mostrarão o funcionamento do sistema nervoso. Por fim, também fazem parte do diagnóstico psiquiátrico os exames laboratoriais de amostras de sangue, o eletroencefalograma (EEG), que estuda o registro gráfico das correntes elétricas cerebrais, e exames de diagnóstico por imagem do cérebro.

51. O que o médico precisa saber?

Será útil, antes de ir à consulta, tentar responder às seguintes questões:

❖ Quais sofrimentos psíquicos você tem atualmente?

❖ Quando esses sofrimentos psíquicos se manifestaram pela primeira vez?

❖ Quais foram desde então a intensidade e o curso desses sofrimentos?

❖ Desde que começaram esses sofrimentos, houve também fases em que você se sentiu saudável?

❖ Você já se submeteu a algum tratamento por causa desses sofrimentos? Em caso afirmativo, com quem? O que já foi feito?

❖ Você está tomando medicamentos atualmente? Em caso afirmativo, quais? Quais foram os efeitos positivos e colaterais desses medicamentos?

❖ Você já fez psicoterapia?

❖ Além dos atuais sofrimentos psíquicos você já teve outros?

❖ Há na sua família alguém que teve ou tem problemas psíquicos parecidos ou diferentes?

A resposta mais precisa possível a estas perguntas pode contribuir para elaborar o diagnóstico correto e dar início a um tratamento adequado e eficaz. O acompanhante geralmente também pode fornecer informações importantes nesse sentido.

52. Quais são as regras para se fazer um diagnóstico?

Médicos do ramo da psiquiatria e psicoterapia se orientam por diretrizes internacionais que estipulam precisamente que sinais de doença precisam estar presentes para permitir a elaboração do diagnóstico de "transtorno afetivo bipolar". Essas diretrizes, obrigatórias para todos os especialistas em âmbito mundial, não existem só para a constatação de transtornos bipolares, mas para todas as formas de doenças psíquicas.

Essas diretrizes diagnósticas estão reunidas na *Classificação Estatística Internacional de Doenças e Problemas Relacionados com a Saúde*, designada pela sigla CID e publicada pela Organização Mundial da Saúde (OMS), e no *Manual Diagnóstico e Estatístico de Transtornos Mentais*, conhecido pela sigla DSM, de responsabilidade da Associação Americana de Psiquiatria. As duas publicações são revisadas periodicamente: atualmente segue-se a décima edição da CID (CID-10), desenvolvida em 1992, e a quinta versão do DSM (DSM-5), publicado em 2013.

53. Por que o diagnóstico durante a juventude é tão difícil?

Muitas vezes não é possível associar claramente os primeiros indícios à doença durante a infância e a juventude até o início da idade adulta, por geralmente serem confundidos equivocadamente com "crises da puberdade" ou "rebeldia adolescente". Os sintomas iniciais do transtorno bipolar realmente são inespecíficos.

54. O que mais poderia ser?

Sintomas bem determinados e notórios da doença podem ocorrer tanto no transtorno bipolar como no Transtorno do Déficit de Atenção com Hiperatividade (TDAH):

- ❖ fácil distração;
- ❖ inquietação motora constante;
- ❖ fala compulsiva, difícil de ser contida;
- ❖ tendência de não deixar que os outros concluam sua fala;
- ❖ comportamento extraordinariamente caótico (atitude desconexa, comportamento não planejado, desordenado);
- ❖ forte necessidade de ter contato com outras pessoas e concomitante incapacidade de colocar os próprios interesses em segundo plano;
- ❖ comportamento com forte potencial de conflito (agressividade, rivalidade, teimosia, irresponsabilidade) são típicos de ambas as doenças.

> ## OUÇA O ESPECIALISTA
>
> Apesar dos numerosos pontos em comum, um especialista pode, com um exame minucioso e observação suficientemente longa do comportamento, diferenciar os quadros das duas doenças e, assim, oferecer o tratamento correto.

55. Há conexões com a TDAH?

A maioria das crianças com TDAH não tem transtorno bipolar. Contudo, há conexões entre os quadros clínicos das duas doenças. Eis alguns números sobre isso:

❖ 3-5% das crianças têm TDAH, tendencialmente mais meninos que meninas, e 15-23% dessas crianças posteriormente desenvolvem um transtorno bipolar.

❖ 28% das crianças com pais que sofrem de transtorno bipolar também têm algum tipo de transtorno, e 70-80% dessas crianças sofrem de TDAH.

Pesquisadores acompanharam durante dez anos o desenvolvimento da saúde psíquica de crianças de 12 anos de idade. Nesse período, a ocorrência de transtorno bipolar em crianças com TDAH foi oito vezes maior do que em crianças sem TDAH. Em vista disso, o TDAH deve ser encarado como um fator de risco para o surgimento de um transtorno bipolar. Essa questão deve ser abordada pela família com o pediatra.

56. A doença pode afetar até crianças?

Ainda não se tem comprovações suficientes sobre a frequência com que os sintomas de um transtorno bipolar realmente se manifestam na infância. Quando isso acontece, os sintomas não são característicos e é muito difícil diferenciá-los de outras causas de perturbações psíquicas e comportamentais, como, por exemplo, tensões na família ou estresse escolar.

O desenvolvimento psíquico de crianças depende muito de suas relações afetivas, experiências de vida e seu entorno social, mas naturalmente também do grau de maturidade e desenvolvimento do cérebro infantil. Condicionado pelo desenvolvimento da criança, o quadro sintomático de numerosas doenças psíquicas se apresenta na idade infantil totalmente diferente que na idade adulta, como é o caso do transtorno bipolar. Por isso, no caso de crianças com comportamento inquieto, fala ininterrupta, perturbação do sono, falta de concentração, distração e comportamento agressivo, os médicos pensam primeiramente em muitas outras causas (por exemplo: problemas na família ou na escola) e são bastante cautelosos com o diagnóstico de "transtorno bipolar".

57. Para que se faz um eletroencefalograma (EEG)?

A partir da análise do percurso da onda elétrica, os médicos conseguem reconhecer alterações na atividade bioelétrica da superfície do cérebro e deduzir a existência de determinadas doenças. Como exame complementar, o EEG também pode fornecer indicações sobre a tolerância aos medicamentos receitados. A realização de um EEG dura cerca de 45 minutos. É inofensivo, não dói e é realizado numa cadeira confortável, própria para o exame.

58. Por que são necessários procedimentos de diagnóstico por imagem?

Há problemas do cérebro (por exemplo: determinadas lesões, tumores ou infecções cerebrais), cujo quadro sintomático é parecido com o do transtorno bipolar. Para que seja possível identificar ou descartar tais problemas, é necessário fazer um diagnóstico por imagem das estruturas do cérebro.

Nunca há uma só causa!

59. O transtorno bipolar é hereditário?

Sim, a probabilidade de que parentes em primeiro grau de uma pessoa acometida por transtorno bipolar I também adoeçam é cerca de sete vezes maior do que no restante da população.

Mas também outras doenças psíquicas, como depressão unipolar, doenças geradas pela angústia ou por dependência, são mais frequentes em famílias com pessoas acometidas de transtorno bipolar. De modo geral, o risco de que familiares consanguíneos venham a ter algum sofrimento psíquico é de 15 a 20 vezes maior.

60. O que se sabe sobre influências genéticas?

No caso de gêmeos univitelinos, geneticamente idênticos, constatou-se que, caso um dos gêmeos seja acometido por transtorno bipolar, em 60% dos casos o segundo gêmeo será igualmente atingido pela doença. Isso quer dizer que, mesmo em caso de constituição genética idêntica, não existe 100% de correspondência da doença.

Disso se pode deduzir que fatores genéticos até têm um papel importante na gênese da doença, mas não são os únicos responsáveis. Fatores muito diversos no mundo que nos cerca (por exemplo: estresse, conflitos na família ou no trabalho, irregularidades no ritmo do sono e da vigília provocadas pelo trabalho em turnos, abuso de álcool ou drogas) também têm importância decisiva.

61. O transtorno bipolar é uma doença genética?

Não. Até o presente momento ainda não é possível estabelecer o risco de uma criança cujo pai ou mãe tenham transtorno bipolar também desenvolver a doença. Porém, segundo pesquisas recentes, além dos fatores do ambiente em que a pessoa vive, como estresse, é provável que vários genes tenham algum papel na sua origem.

62. Qual a influência do estresse?

Além da predisposição genética, o estresse parece ser o segundo fator importante que contribui para o surgimento de transtornos bipolares. A partir de relatos de experiências, sabe-se que os episódios da doença com frequência são precedidos de acontecimentos difíceis da vida e situações de caráter estressante. Fatores que desencadeiam o estresse podem ser: carência de sono, jornadas de trabalho variáveis, problemas no trabalho, conflitos entre parceiros, preocupações familiares ou uma iminente mudança de domicílio.

Também as pequenas coisas do dia a dia que nos fazem "subir pelas paredes" (por exemplo, um tubo de pasta de dente que alguém deixou aberto) e, surpreendentemente, acontecimentos felizes e positivos, como o casamento, o nascimento de um filho ou uma promoção, provocam sintomas de estresse, já que exigem uma adaptação à nova situação. Modificações, não importa de que tipo, muitas vezes são vivenciadas como incômodas e desencadeiam estresse.

No tratamento, medidas psicoterapêuticas que auxiliam os pacientes a elaborar melhor o estresse são muito importantes (ver perguntas 152-161) – como por exemplo: administração de conflitos, terapias de relaxamento, treinamento de comunicação, planejamento de atividades.

63. Todo e qualquer estresse é prejudicial?

Não. O que importa é a forma como se lida com o estresse. Há pessoas que o suportam bem e até precisam diariamente de certa dose de adrenalina para poderem trabalhar criativamente; outras não são capazes de um desempenho eficiente sob condições de estresse.

A quantidade de estresse que se pode administrar varia muito, individualmente. O importante, entre outras coisas, é se a pessoa dispõe de estratégias de elaboração adequadas e que tipo de apoio ela recebe em situações de estresse.

64. Os episódios são sempre provocados exclusivamente pelo estresse?

Cerca de 75% dos pacientes relatam que, imediatamente antes do primeiro episódio da doença, passaram por situações de estresse intenso. Pode ser, no entanto, que fases posteriores da doença sejam cada vez mais raramente vinculadas ao estresse. Elas tendem a ocorrer cada vez mais espontaneamente, ou seja, sem razão evidente. As alterações no cérebro parecem ser responsáveis por isso, como se observou de forma muito parecida também em outras doenças (por exemplo, no caso de epilepsia).

65. Drogas podem desencadear transtornos bipolares?

As drogas têm um efeito intenso sobre os processos metabólicos do cérebro e, por essa razão, podem desencadear episódios da doença. Assim, por exemplo, drogas que contêm anfetaminas (como crack, speed ou ice), alucinógenos (como LSD e ecstasy) ou cocaína, e também o haxixe e a maconha, podem desencadear tanto episódios maníacos como episódios depressivos, que, além disso, muitas vezes ainda são acompanhados de representações maníacas, delírios e angústias.

SEJA SINCERO

A ingestão de drogas muitas vezes modifica de tal maneira o quadro sintomático de pessoas acometidas de transtorno bipolar que os médicos têm grandes dificuldades para estabelecer o diagnóstico correto. Então, se você consumiu recentemente ou é usuário de algum tipo de droga, seja franco.

Transtorno bipolar e consumo de drogas é uma mistura altamente destrutiva que prejudica tremendamente a saúde e a qualidade de vida. Fique longe das drogas!

66. Quanto álcool posso tomar?

O consumo exagerado de álcool não faz bem para ninguém. Para pessoas acometidas de transtorno bipolar ele representa, por várias razões, um grande perigo: o álcool influencia desfavoravelmente depressões e manias; o consumo habitual de álcool agrava as consequências sociais do transtorno bipolar; os medicamentos têm sua ação atenuada e seus efeitos colaterais consideravelmente aumentados pelo álcool.

SÓ UMA TACINHA...

Tenha cuidado! Jamais tome mais do que um ou dois copos de cerveja ou vinho por dia. Evite a todo custo bebidas com alto teor alcoólico, como conhaque, uísque, aguardente ou vodca.

67. Qual a relação do transtorno com o fumo?

Fumar sempre representa um risco para a saúde. Fumantes jovens com transtorno bipolar também correm um risco maior do que não fumantes, assim como no caso de outros tipos de dependência (álcool, drogas). Muitos fumantes com transtorno bipolar perdem totalmente o controle sobre a quantidade de cigarros consumida durante as fases depressivas ou maníacas agudas. A falta de uma alimentação saudável, o sobrepeso e a falta de exercício físico também contribuem para que muitas pessoas com transtorno bipolar corram um risco nitidamente maior de morrer de infarto ou de acidente vascular cerebral. Ademais, o tabaco pode cortar a ação dos medicamentos e, desse modo, tem uma influência extremamente negativa sobre o curso e o prognóstico da doença. Por tudo isso, os fumantes devem tentar se livrar desse vício perigoso, eventualmente com a ajuda de um médico.

68. O sono tem alguma influência sobre o transtorno bipolar?

A carência de sono também pode desencadear episódios maníacos ou hipomaníacos da doença. Pesquisas científicas mostraram que, nos casos em que os pacientes dormem menos de quatro horas por noite, os episódios maníacos ocorrem com mais frequência. Ainda não se tem uma explicação exata para essa relação, já que há muitos níveis de conexão, mas já se constatou que o sono provoca alterações nos processos metabólicos do cérebro.

69. O que há de errado com o "relógio interno"?

Muitos dos nossos processos biológicos e funções psíquicas repetem-se regularmente, adaptando-se, por exemplo, a processos periódicos na natureza, como amanhecer e o anoitecer, as variações climáticas das estações do ano.

No caso do transtorno bipolar, esse ritmo (o "relógio interno" da pessoa) saiu do compasso. Por exemplo, tanto durante episódios depressivos como durante episódios maníacos, o ritmo de dormir e acordar fica completamente perturbado. Assim sendo, pacientes depressivos muitas vezes têm dificuldade de conciliar um sono repousante ou sofrem de insônia, sendo atormentados durante o dia por um cansaço constante. Os pacientes maníacos, em contraposição, parecem não ter necessidade de dormir.

Por esse motivo, as doenças mentais muitas vezes estão associadas a transtornos relacionados aos ritmos biológicos. Como se dá essa conexão?

Pessoas atingidas por transtornos afetivos, especialmente por transtornos bipolares, evidentemente são mais sensíveis a reajustes no seu relógio interno: os ritmos biológicos a que estão sujeitas as funções do nosso corpo perdem mais facilmente o equilíbrio e são mais suscetíveis a perturbações do que normalmente acontece. De acordo com essa teoria, as perturbações do biorritmo consequentemente causam danos ao humor e acabam levando à doença.

O ESTRESSE MODIFICA O BIORRITMO

Um dos fatores que muito facilmente parece causar o desequilíbrio do nosso biorritmo é o estresse. Não faz diferença, nesse caso, se ele foi provocado por excesso de trabalho, falta de tempo, existência de conflitos ou problemas. Decisivo é com que frequência experimenta-se o estresse e quais as condições de tolerância. Frequentemente, um estresse duradouro leva a perturbações do sono que, em pouco tempo, causam dano a todo o biorritmo.

70. O que se entende por modelo de vulnerabilidade ao estresse?

Esse modelo fornece a pessoas acometidas de transtorno bipolar informações sobre possíveis causas, detonadores e fatores, bem como sobre seu efeito conjugado (ver gráfico abaixo). Ele deixa claro que muitos desses fatores são muito individuais. A "vulnerabilidade" se define como a possibilidade de ser prejudicado ou sofrer danos.

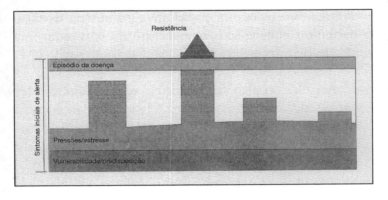

Segundo o modelo da vulnerabilidade ao estresse, o transtorno bipolar não é herdado por si só; hereditária é a disposição ou sensibilidade e suscetibilidade a ela. Mas isso também pode ser desenvolvido em algum momento no decorrer da vida. Quando então essa vulnerabilidade biológica (suscetibilidade à perturbação cerebral) se associa a um estresse que não se tem condições de superar, a doença irrompe ou o paciente tem um novo episódio.

71. De que modo esse modelo ajuda a pessoa doente?

Com o auxílio desse modelo, os pacientes e seus familiares ou pessoas com as quais convivem entendem melhor o que leva ao surgimento dos transtornos bipolares e o que os influencia. Desse modo, cria-se a base para uma cooperação eficaz entre paciente, família e médico.

Só quando se tem consciência das conexões entre as coisas, se pode exercer influência sobre o andamento da doença: só quando os doentes conhecem os fatores individuais que neles favorecem um novo episódio bipolar eles podem tentar desativar esses fatores e organizar sua vida nesse sentido, como, por exemplo, deixando de aceitar pressões superiores à sua capacidade, fazendo um planejamento estruturado do dia ou desenvolvendo estratégias para evitar e superar conflitos.

Quando exerce um papel ativo sobre sua doença, o paciente fortalece suas energias positivas e reduz sua sensação de impotência.

TRATAMENTOS

Quais são as opções de tratamento?

Em geral, o paciente deseja uma terapia individualizada que tenha o máximo de eficácia e o mínimo de efeitos colaterais. Informe-se sobre os medicamentos e tratamentos disponíveis. Desse modo, você e seu médico encontrarão a melhor forma de acompanhar cada uma das fases.

A terapia medicamentosa

72. Quais os objetivos do tratamento?

Os episódios agudos da doença são acompanhados de graves prejuízos para a saúde psíquica (depressão, manias, estados mistos maníaco-depressivos) e podem representar perigo de vida, pois o risco de suicídio é muito alto se não forem tratados. Por essa razão, pessoas que apresentam um quadro sintomático agudo impreterivelmente precisam receber tratamento.

Nos intervalos sem sintomas, o objetivo principal do tratamento é evitar novos episódios, porque com cada novo episódio da doença eleva-se a probabilidade de que as condições futuras da doença ocorram não só com mais frequência, mas também com maior gravidade e em intervalos cada vez mais curtos. Ademais, o tratamento preventivo reduz os riscos de suicídio e contribui para a preservação da saúde psíquica.

Se o transtorno bipolar não for tratado, ele pode se tornar crônico.

73. Por que é necessário o uso de medicamentos?

Os resultados de uma pesquisa científica publicada em 1995 demonstram que há 60% de chances de que pessoas que passaram por um episódio depressivo ou maníaco da doença voltem a sofrer um episódio bipolar num prazo de apenas dois anos; a probabilidade sobe para 73% de que o episódio se repita no decorrer do terceiro ou do quarto ano após o episódio inicial.

Um estudo norte-americano comprovou que 81-91% das pessoas que foram tratadas em virtude de uma mania ou de um estado misto maníaco-depressivo sofrem uma recidiva no prazo de até cinco anos depois do tratamento.

Muitos pacientes também apresentam sintomas que necessitam de tratamento no intervalo entre os episódios bipolares agudos e independentemente deles.

A terapia medicamentosa ajuda a diminuir a frequência e atenuar a gravidade das recidivas. A utilização de um estabilizador do humor permite reduzir a probabilidade de recidiva num período de tempo de 3 a 5 anos de mais de 80% para algo em torno de 30%.

DIMINUIR O RISCO DE SUICÍDIO

O uso regular de medicamentos estabilizadores do humor é de vital importância: muitas pessoas que cometem suicídio não receberam a prescrição de nenhuma terapia medicamentosa ou não a seguiram corretamente.

O tratamento preventivo da recidiva de longa duração com o auxílio de um estabilizador do humor permite reduzir consideravelmente o risco de suicídio.

Pense nisso: as ideias e os impulsos suicidas podem ser evitados!

74. Como é planejado o tratamento?

Depois de feitos exames minuciosos e constatada a doença, o médico precisa explicar o transtorno ao paciente, e eventualmente aos seus familiares, de maneira clara e acessível. O paciente deve receber informações sobre as consequências que tal diagnóstico lhe trará a curto e longo prazo e os planos terapêuticos indicados a seu caso, de modo a decidirem conjuntamente pela melhor opção (mais adiante, há um *checklist* que pode ajudar na condução da consulta e no esclarecimento de dúvidas).

75. Quais são as fases da terapia?

No tratamento dos transtornos bipolares, diferenciam-se três fases da terapia: tratamento agudo; terapia de manutenção; prevenção de recidiva.

1. *Tratamento agudo:* o início da terapia em um paciente com sintomas novos ou recorrentes de um transtorno bipolar é chamado de tratamento agudo. Se o quadro sintomático tiver um perfil de gravidade média ou se for grave, o caminho mais seguro é fazer o tratamento agudo numa clínica; no caso de um quadro sintomático leve, o tratamento também pode ser ambulatorial. O objetivo dessa fase do tratamento é atenuar, com o auxílio de medicamentos apropriados, do modo mais rápido e menos agressivo possível, os piores sintomas.

Os primeiros passos da convalescença deveriam ser dados numa atmosfera propícia de cuidado (tranquilidade, blindagem contra estímulos, ausência de pressões e exigências de desempenho). Assistência psicológica e solicitude são extremamente importantes nessa fase.

CHECKLIST DO PLANO DE TERAPIA

No plano de terapia elaborado pelo médico em conjunto com o paciente devem ser esclarecidos diversos pontos:

- Há medidas terapêuticas que devem ser aplicadas imediatamente?

- O tratamento precisa ser realizado em hospital, numa clínica ou as medidas terapêuticas podem ser executadas em casa com visitas periódicas ao consultório médico?

- Caso seja indicado o tratamento em clínica: qual a duração prevista para ele?

- Como agem e que efeitos colaterais têm os medicamentos receitados?

- Caso sejam receitados vários medicamentos: há interações entre as substâncias a serem observadas?

- Por quanto tempo os medicamentos deverão ser tomados?

- Que medicamento precisará ser tomado temporariamente e qual se destina a um tratamento de longo prazo? Por quê?

- Quais medicamentos e terapias prescritas visam à prevenção da recidiva?

- Que comportamentos podem ser modificados para estabilizar sua saúde psíquica?

- Outras questões referentes à reabilitação após a fase aguda da doença – medidas visando à convalescença e à reintegração na vida profissional: doenças psíquicas podem ser bem pesadas para a família e levar a violentos conflitos interpessoais. Esse clima, por sua vez, favorece a ocorrência de recidivas. Por essa razão, uma psicoterapia familiar pode desempenhar um papel importante no tratamento para evitar recidivas.

TENHA CALMA

Nessa fase inicial do tratamento ainda não é hora de tomar medidas psicoterapêuticas que exerçam algum tipo de pressão sobre a psique. O tratamento agudo termina quando o quadro sintomático apresenta melhora nítida, ou seja, quando a terapia se mostra eficaz.

2. *Terapia de manutenção (proteção contra a recidiva):* depois que a terapia medicamentosa fez efeito, inicia-se a terapia psicoterapêutica e outras não medicamentosas. A partir daí, trata-se, sobretudo, da proteção contra a recidiva: é preciso evitar que os sintomas voltem a se manifestar. A dosagem dos medicamentos deverá ser gradativamente reduzida.

Se estiver internado, nos finais de semana talvez o paciente possa ir para casa. Isso demanda certo esforço, mas também faz com que o doente recupere a confiança. Na clínica, passa-se não só testar a tolerância do paciente, mas também a treiná-la objetivamente mediante terapia ocupacional e criativa, tratamento psicoterapêutico individual e grupal, terapia esportiva e de movimentação, bem como treinamento de capacidades e habilidades sociais.

FAZER PLANOS

O objetivo dessa terapia é manter o/a paciente livre dos sintomas por um período de 6 a 12 meses. Visa-se estabilizar duradouramente a saúde psíquica com a ajuda de medicamentos apropriados e eventualmente com medidas psicoterapêuticas. Nesse momento, começa-se a planejar concretamente as medidas de reabilitação.

A terapia medicamentosa de manutenção tem início ainda na clínica. Frequentemente é aconselhável emendar uma fase do tratamento em que é testada a resistência a condições semelhantes às do dia a dia. Essa forma de tratamento reduz o tempo na clínica e otimiza a terapia medicamentosa de manutenção.

3. *Prevenção de recaída (profilaxia da recidiva):* os objetivos da prevenção de recaída são os seguintes: impedir novos episódios bipolares, atenuar a gravidade de eventuais novos episódios, aumentar os intervalos entre os episódios agudos, reduzir tanto quanto possível o risco de danos psíquicos duradouros e, sobretudo, diminuir o perigo de suicídio.

76. Que medicamentos são usados?

As doenças bipolares são tratadas hoje em dia com medicamentos que atuam sobre as emoções extremas e grandes oscilações do humor. Por essa razão, são chamados sinteticamente de "estabilizadores do humor".

Há medicamentos conhecidos e usados há bastante tempo no tratamento dos transtornos bipolares. Outros eram usados para no tratamento de afecções como a epilepsia, e descobriu-se que contribuíam para a estabilização do humor, ou seja, agem de diversos modos.

Alguns neurolépticos têm efeito antimaníaco, atuam contra a depressão bipolar e são usados tanto na fase aguda quanto na terapia de manutenção das fases maníacas e das fases depressivas, além de possuírem efeito de longo prazo preventivo da recidiva. Tais substâncias revelaram-se não só benéficas em episódios graves de transtorno bipolar, com sintomas psicóticos, mas também apropriadas para os quadros mais leves de mania.

No tratamento agudo de doenças bipolares, não é raro que se combinem vários desses medicamentos, visando otimizar o tratamento. Adicionalmente, quase sempre se faz necessário, durante a fase do tratamento agudo, o uso de medicamentos que estabilizem o ritmo sono-vigília e atuem contra as perturbações do sono.

Estados de angústia e inquietação muitas vezes são quase tão torturantes quanto dores físicas. Por essa razão, esses sintomas precisam ser tratados.

Também no quadro de uma depressão bipolar pode ser aconselhável e necessário tomar um estabilizador do humor em combinação com um remédio que atue especificamente contra os sintomas depressivos.

77. O que são estabilizadores do humor do tipo A?

São medicamentos que atuam contra um estado maníaco do humor; eles combatem a euforia e a excitação. Tipo "A" representa a palavra inglesa *above*, ou seja: "em cima", "acima" ou "sobre". O que se quer dizer com isso é que os medicamentos do tipo A atuam contra as alterações de sentimentos e do humor acima da linha da normalidade. Eles têm efeito antimaníaco, sem provocar nem favorecer uma depressão.

78. O que são estabilizadores do humor do tipo B?

Com essa designação entendem-se medicamentos que atuam contra estados de humor depressivos, já que "B" representa *below*: "embaixo" ou "abaixo", em inglês. Isso quer dizer que esses medicamentos atuam contra as alterações de humor abaixo da linha da normalidade. O efeito antidepressivo dos medicamentos do tipo B, entretanto, não leva a que o quadro sintomático passe da depressão para a mania (*switch*).

Tratamentos com antimaníacos

79. O que esperar do tratamento com antimaníacos?

Há medicamentos antimaníacos usados no tratamento da mania leve e de média gravidade e outros no tratamento da mania grave. A diferença entre eles é a velocidade e intensidade de seu efeito terapêutico. Em alguns casos, podem ser associados para garantir a ação sobre a depressão e como forma de prevenir a recidiva.

80. O que se pode esperar de um tratamento preventivo?

Para o paciente com doença bipolar, a prevenção de recidiva possui um valor muito grande:

❖ o tratamento tem efeito preventivo da recidiva em 30 a 40% dos casos;

❖ pode contribuir para aumentar os intervalos entre os episódios da doença;

❖ em geral, é mais eficaz na prevenção de episódios maníacos que de episódios depressivos;

❖ pode contribuir para que se consiga controlar melhor a doença.

O tratamento não proporciona uma cura completa e duradoura. Se for interrompido, a probabilidade de ocorrerem novos episódios do transtorno bipolar é grande.

Se o paciente estiver tomando medicamentos para prevenir recidivas, é preciso que se apresente ao seu psiquiatra em intervalos regulares. Esse contato estreito é de valor inestimável, pois o médico é capaz de reconhecer cada pequena alteração da condição psíquica do paciente, inclusive no que diz respeito à prevenção do suicídio, e pode tomar medidas em relação a ela.

81. Para quem a terapia com antimaníacos é indicada?

Os médicos conhecem bem a ação e os efeitos colaterais dos medicamentos. Por essa razão, é comum usarem determinados remédios no tratamento preventivo da recidiva e, caso não sejam suficientes, associam-nos a outros.

De qualquer forma, o paciente deveria participar responsavelmente da decisão de fazer o tratamento, até porque é impossível tratar alguém contra a sua vontade.

Portanto, é imperativo que ele disponha de esclarecimentos abrangentes sobre as vantagens e desvantagens da profilaxia, sobretudo sobre os efeitos indesejáveis dos medicamentos sobre outros órgãos.

82. Quais podem ser as contraindicações ao uso de certos medicamentos?

❖ Quando houver intolerância à substância ativa.

❖ Quando houver restrições ao uso do medicamento em função de problemas cardíacos, renais ou relacionados a outros órgãos.

❖ Quando os riscos de efeitos colaterais e o perigo de intoxicação forem maiores que os benefícios desejados.

❖ No caso das mulheres, o médico deve ser informado sobre o método anticoncepcional utilizado e sobre a ocorrência de gravidez.

❖ O médico deve ser informado caso o paciente tenha a sensação de que o medicamento lhe causa dificuldades de concentração, piora da capacidade de reação ou problemas de memória.

83. Quando se deve começar um tratamento preventivo?

Um tratamento preventivo da recidiva pode ser iniciado durante qualquer episódio bipolar ou também no intervalo entre os episódios. Em geral, não há problemas de compatibilidade nos tratamentos complementares com estabilizadores do humor, com neurolépticos atípicos ou com antidepressivos. Na verdade, durante os episódios bipolares agudos, os tratamentos combinados constituem a regra.

84. Que exames devem ser feitos?

❖ *Antes do tratamento:* antes do início do tratamento é exigido um exame detalhado, sobretudo das funções do coração, dos rins e da tireoide. O que se verifica é a taxa de creatinina (que indica o estado da função renal), o hormônio estimulante da tireoide (TSH), os hormônios da tireoide (T3, T4), o hemograma e a velocidade de sedimentação sanguínea. Fazem igualmente parte do exame a medição da pressão sanguínea, um eletroencefalograma (EEG) e um eletrocardiograma (ECG), a aferição do peso corporal e do diâmetro do pescoço (por causa da tireoide). No caso das mulheres, antes de iniciar o tratamento deve ser descartada a existência de uma gravidez.

❖ *Durante o tratamento:* também durante o tratamento são exigidos exames laboratoriais regulares para fins de controle (creatinina, TSH, T3, T4).

LÍTIO E TIREOIDE

Um dos medicamentos usados no tratamento preventivo da recidiva é o lítio. Seu uso pode inibir a produção dos hormônios da tireoide, provocar um aumento do tecido tireoidiano (estruma ou bócio de lítio), ou infecções dessa glândula. Por essa razão, o médico mede regularmente o diâmetro do pescoço do paciente que toma lítio e acompanha os níveis do hormônio estimulante da tireoide (TSH) para descartar perturbações funcionais.

Tratamentos com antiepiléticos

85. Por que usar antiepiléticos no tratamento de transtorno bipolar?

No tratamento de pacientes com epilepsias, o efeito antidepressivo e estabilizador do humor de certos medicamentos antiepiléticos chamou a atenção dos médicos.

Na prevenção da recidiva, tais medicamentos são indicados para a prevenção de episódios depressivos em adultos acometidos de doença bipolar, independentemente da polaridade do humor, no episódio agudo ou no intervalo entre os episódios.

Isso se dá porque, às vezes, os antidepressivos ficam sem efeito ou seu efeito não é suficiente, isto é, não conseguem evitar uma nova depressão bipolar. Além disso, os antidepressivos podem desestabilizar o humor por provocarem sintomas maníacos ou até manias completamente caracterizadas (*switch* ou passagem para a mania). Também podem provocar uma sequência mais rápida de episódios bipolares (redução do ciclo).

No caso de certos antiepiléticos, entretanto, aparentemente não há desestabilização do humor nem redução do ciclo. Os resultados científicos obtidos até o momento comprovam sua eficácia no tratamento agudo de episódios depressivos bipolares e nos casos de ciclagem rápida do transtorno bipolar do tipo II, geralmente mais difíceis de tratar e muitas vezes acompanhados de um prognóstico desfavorável de longo prazo por não reagirem às terapias tradicionais.

86. Que exames são necessários no tratamento com antiepiléticos?

Antes da terapia devem ser realizados os assim chamados exames laboratoriais de rotina, como, por exemplo: hemograma, indicadores do fígado, pâncreas e dos rins, indicadores da condição metabólica e de coagulação sanguínea.

Durante o tratamento, esses indicadores devem ser repetidos três meses após o início da terapia e, depois disso, dependendo do estado geral da saúde, em intervalos semestrais ou anuais.

Além disso, recomenda-se a realização de eletrocardiogramas (ECG) e eletroencefalogramas (EEG) regularmente, para controle.

> **CONVERSA FRANCA**
>
> Conte para o seu médico todos os problemas de saúde que você tem e mencione todos os medicamentos que está tomando. Doenças cardíacas, perturbações na função hepática, doenças sanguíneas, alergias, diabete, glaucoma e alcoolismo podem reduzir a tolerância a certos medicamentos.

87. Que efeitos colaterais podem ocorrer?

O uso de antiepiléticos pode causar dor de cabeça, mal-estar, cansaço ou perturbação do sono, falta de apetite, diarreia, infecções, sensação de entorpecimento e, em casos raros, reações alérgicas cutâneas. Outros efeitos possíveis são: sudorese, boca seca, sensação de vertigem, redução do interesse sexual.

Esses efeitos colaterais, no entanto, também ocorrem com frequência similar em grupos de pacientes usados como comparação e que foram tratados com outros tipos de medicamentos ou com placebo.

Em alguns casos, a queda de cabelo pode ser um efeito colateral temporário, que desaparece após o ajuste da dosagem.

No caso das mulheres, convém informar o médico sobre o uso de anticoncepcionais e sobre qualquer alteração na menstruação.

88. Posso engordar tomando antiepilético?

Muitos medicamentos empregados no tratamento do transtorno bipolar levam a um aumento de peso. De modo geral, os antiepiléticos não provocam aumento de apetite nem de peso, mas há exceções.

89. Quando não se deve usar antiepiléticos?

Assim como acontece com outros medicamentos, os antiepiléticos não devem ser usados quando se tem ciência de alguma intolerância ou alergia à sua substância ativa.

90. Com que frequência ocorrem reações alérgicas?

A maior parte das reações de intolerância a medicamentos se manifesta na pele e, muitas vezes, a modificação cutânea inclusive é o único sinal da alergia. Quando outros órgãos também são atingidos, a alergia geralmente é mais grave. As reações cutâneas em geral precedem outras reações no corpo e, por essa razão, constituem primeiros sinais de alerta.

PROCURAR O MÉDICO IMEDIATAMENTE

Ao constatar alterações na pele após a ingestão de algum medicamento, você deve consultar o seu médico imediatamente. Ele decidirá se é suficiente reduzir a dosagem ou se você deve suspender o medicamento.

Em estudos mais antigos sobre o tratamento de epilepsias, foi observada em 0,3% dos adultos uma erupção cutânea, que teve de ser tratada no hospital ou exigiu a suspensão do medicamento. Diante de tais porcentagens, fala-se de ocorrência rara. Os estudos mostram que o risco de erupção aumenta em caso de dose inicial elevada, aumento rápido da dosagem e prescrição concomitante de outros medicamentos. Nos estudos visando ao tratamento de transtornos bipolares, ocorreram, num universo de mais de 2000 pacientes, três casos de erupção cutânea grave, que desapareceu após a suspensão do medicamento.

ATENÇÃO!

Embora sejam raras, convém fazer menção especial às erupções cutâneas nesse ponto, porque, em casos excepcionais raros, ela pode representar uma perturbação grave da saúde (Síndrome de Stevens-Johnson).

Ao desenvolver uma erupção cutânea durante o tratamento, solicite de imediato um exame médico e suspenda o medicamento. Isso vale também em caso de febre, inchaço dolorido dos gânglios linfáticos ou inchaço do rosto (acúmulo de líquido = edema), e se os indicadores de sangue e fígado estiverem alterados.

A SÍNDROME DE STEVENS-JOHNSON

A Síndrome de Stevens-Johnson é uma reação alérgica extremamente rara, mas grave, da pele: uma erupção cutânea em forma de mapa geográfico com formação nítida de bolhas. As alterações bolhosas começam nas mucosas dos lábios, da boca, dos olhos, da vagina, da uretra, do reto e do ânus. Sua evolução se dá com febre alta e inchaço dolorido dos gânglios linfáticos, espalhando-se em seguida por toda a pele.

91. Como se identifica uma intoxicação?

As intoxicações podem ser consequência de um erro na dosagem da medicação. Mal-estar, vômito e diarreia são preponderantemente efeitos colaterais inofensivos, mas em casos raros também prenúncios de uma intoxicação. Sinais claros são sonolência, perturbação da consciência, espasmos musculares, forte tremor, transtornos de coordenação, vertigem, perturbações no andar e dificuldade de ficar em pé. Em caso de dúvida, procure imediatamente o atendimento médico.

> ## COMA HEPÁTICO
>
> Um efeito colateral extremamente raro, mas que representa risco à vida é o coma hepático, que foi observado, sobretudo, em crianças epilépticas até três anos de idade e em crianças e jovens com incapacitações múltiplas. O coma hepático geralmente ocorre em pacientes que tomam grandes quantidades de medicamentos em combinação. Sinais precoces desse grave problema são lassidão/abatimento, inatividade física e perturbações do equilíbrio, sangramento frequente do nariz, hematomas e dores abdominais.

92. Que outros medicamentos são usados?

Os estabilizadores do humor são a primeira opção em medicamentos na terapia aguda e no tratamento preventivo da recidiva da doença bipolar.

Mas, em certas circunstâncias, pode ser preciso associá-los temporariamente, e às vezes até por um prazo maior, a medicamentos adicionais ou alternativos. A seleção dos medicamentos depende, por exemplo, da gravidade da doença bipolar, de eventuais doenças associadas de ordem psiquiátrica ou de outra ordem e da tolerância aos estabilizadores do humor.

Os casos mais frequentes que tornam necessária alguma medicação auxiliar são os do tratamento agudo de episódios de doença bipolar, quando o estabilizador do humor não age com a rapidez ou a intensidade suficientes ou quando não se mostra suficiente para a prevenção da recidiva.

A medicação auxiliar mais frequente consiste de neurolépticos (antipsicóticos), antidepressivos e ansiolíticos. Em certas circunstâncias, também pode ser interessante empregar hormônios tireoidianos, bloqueadores do canal de cálcio ou ácidos graxos ômega 3.

Tratamentos com neurolépticos

93. O que são neurolépticos (antipsicóticos)?

Medicamentos de efeito antipsicótico são usados no tratamento de sintomas de mania, alucinações e de certos transtornos graves do pensamento e da vivência. No quadro da doença esquizofrênica, os antipsicóticos são a primeira opção em medicamentos. Mas eles também são empregados com êxito num grande número de outras enfermidades psíquicas – sobretudo nos transtornos psíquicos orgânicos com sintomas psicóticos. Com base na sua gama de efeitos e efeitos colaterais os antipsicóticos são diferenciados em típicos e atípicos.

No tratamento do transtorno bipolar, os neurolépticos atípicos estão se tornando cada vez mais importantes. Atualmente alguns deles não são usados apenas como medicação auxiliar, mas podem ser utilizados também como estabilizadores do humor e no tratamento agudo e de longa duração.

94. O que é importante saber sobre os neurolépticos típicos?

Por volta de 1950, cientistas descobriram o efeito antimaníaco e antipsicótico de certos medicamentos que mais tarde foram chamados de neurolépticos. A descoberta desse efeito foi uma verdadeira revolução. Finalmente foi possível tratar doenças para as quais até aquela data não havia nenhuma terapia medicamentosa eficaz.

Porém, ficou evidente também que a aplicação dos neurolépticos pode estar associada a efeitos colaterais muito desagradáveis. Sobretudo os efeitos colaterais motores, mencionados em primeiro lugar na tabela adiante, são muito comprometedores para os pacientes. Nos pacientes bipolares, esses neurolépticos típicos também podem provocar depressão ou reforçar o estado depressivo. Eles podem levar a um embotamento da sensibilidade, prejudicar a criatividade e a fantasia, tornar o pensamento mais lento e causar transtornos sexuais.

EFEITOS COLATERAIS FREQUENTES DOS NEUROLÉPTICOS

Efeitos colaterais motores extrapiramidais (danos aos processos de movimento):

- cãibras musculares;
- espasmos musculares (principalmente no rosto, região dos ombros, braços e mãos);
- necessidade imperiosa de estar em movimento ou desaceleração de todos os processos motores;
- inquietação ao ficar sentado, constante necessidade de mexer as pernas ou balançar os pés;
- rigidez muscular;
- tremor das mãos;
- perturbação no andar (passos curtos, ausências dos movimentos dos braços que acompanham o andar, postura encurvada).

Outros efeitos colaterais:

- embotamento da sensibilidade;
- estado depressivo;
- lentidão no pensar;
- boca seca;
- cansaço;
- redução da capacidade de concentração;
- transtornos da visão;
- prisão de ventre;
- aumento de peso;
- sensibilidade da pele à luz solar;
- redução do interesse sexual;
- transtornos circulatórios com pressão sanguínea baixa e batimentos cardíacos acelerados.

Os neurolépticos cuja ação antipsicótica está associada a efeitos colaterais motores são designados "neurolépticos típicos", porque, na década de 1970, foi descoberta uma exceção atípica. Hoje os neurolépticos típicos só são usados no tratamento do transtorno bipolar, quando os atípicos em combinação com um estabilizador do humor ou um ansiolítico não fazem efeito.

95. O que são neurolépticos atípicos?

Por volta de 1970, foi descoberta a ação antipsicótica de um medicamento que não apresentava os efeitos colaterais motores dos neurolépticos típicos. Nesse sentido, esse novo neuroléptico era atípico. Todos os neurolépticos desenvolvidos, desde então, que possuem um perfil de ação e efeitos colaterais similarmente favoráveis foram chamados de neurolépticos atípicos por causa da ausência dos efeitos colaterais motores desagradáveis.

96. Qual a indicação de uso de neurolépticos atípicos?

No caso do transtorno bipolar, pode haver diversas razões a favor do uso terapêutico de antipsicóticos atípicos.

Nos últimos anos, ficou comprovado em estudos e também na experiência prática que alguns dos novos neurolépticos atípicos podem ser usados como estabilizadores do humor, tanto sozinhos ou em combinação com outros medicamentos. Desse modo, ampliou-se o leque dos possíveis estabilizadores do humor.

Como acontece com outros medicamentos, eles têm pontos fortes e pontos fracos. Só na conversa entre médico e paciente será possível determinar qual o tratamento mais adequado para cada situação individual.

O tratamento de manias agudas constitui uma área importante de aplicação dos neurolépticos atípicos. Nesses casos, eles são empregados tanto de forma isolada como em combinação com outros medicamentos.

Outras situações recomendadas são os episódios graves de doença bipolar com sintomas psicóticos, como forma de aliviar a angústia e a tensão e favorecer o sono.

97. Como os neurolépticos atípicos atuam?

Os neurolépticos atípicos mais novos, em geral, normalizam a transmissão transtornada da informação no cérebro, restabelecendo o equilíbrio dos neurotransmissores necessários à transmissão das informações. A substância ativa se liga a diversos receptores no cérebro e pode, por essa via, atenuar o efeito de certos neurotransmissores que estão presentes numa concentração muito elevada e estimular a liberação de outros neurotransmissores que estão disponíveis numa concentração muito baixa.

Além disso, têm efeito antimaníaco e também antidepressivo. Eles agem nas fases agudas da doença e também na fase pós-aguda de estabilização após episódios maníacos e depressivos da doença. Os primeiros resultados de estudos realizados há pouco tempo indicam um efeito preventivo da recidiva no caso do transtorno bipolar.

A ação antidepressiva se explica pela metabolização da substância ativa que produz o mesmo efeito que certos antidepressivos, levando a um aumento do neurotransmissor noradrenalina, que está presente em concentração muito baixa no cérebro de pacientes com depressão.

98. Quando se deve usar os novos neurolépticos atípicos?

Os novos antipsicóticos têm sido usados no tratamento de doenças que podem provocar os seguintes sintomas:

❖ quando o paciente vê, ouve ou sente coisas que não estão presentes, acredita em coisas irreais, ou se mostra desconfiado, atemorizado, perturbado, tenso ou abatido de um modo fora do comum;

❖ quando o paciente se mostra muito irritado, eufórico, agitado, entusiasmado ou hiperativo, tem um comportamento colérico ou impulsivo, pensa mais rápido;

❖ quando o paciente apresenta humor depressivo e triste, complexo de inferioridade e sentimentos de culpa ou parece estar sem vida, energia e apetite, ou tenha maior ou menor necessidade de sono.

99. Que exames são necessários para se fazer uso de neurolépticos?

Antes do tratamento com neurolépticos, devem ser feitos exames de sangue para verificação do hemograma, dos valores hepáticos, da glicemia e do nível de lipídios no sangue. É importante controlar regularmente a quantidade de certas células sanguíneas por meio de um hemograma.

100. Que efeitos colaterais podem ocorrer?

Como todos os medicamentos, os neurolépticos podem ter efeitos colaterais em alguns pacientes e não em outros. É preciso que o médico esteja informado quando o paciente perceber efeitos colaterais e se sentir prejudicado por eles. Os mais comuns são:

❖ vertigem, dores de cabeça, boca seca;

❖ sonolência/cansaço (que tendem a passar quando se usa o medicamento por um período mais prolongado);

❖ na suspensão repentina podem ocorrer insônia, mal--estar, dores de cabeça, diarreia, vômito, vertigem e irritação – sinais de abstinência que costumam desaparecer uma semana após a ingestão da última dose;

❖ podem ocorrer também aceleração do batimento cardíaco, entupimento do nariz, transtornos digestivos, sensação de fraqueza e aumento de peso, diminuição da pressão sanguínea, elevação dos valores da glicose no sangue, visão turva e espasmos musculares.

101. Neurolépticos engordam?

O aumento de peso é um efeito colateral frequente durante a terapia com alguns neurolépticos.

102. Quando não se deve fazer uso de neurolépticos?

Os neurolépticos não devem ser tomados se o paciente tiver hipersensibilidade (for alérgico) à substância ativa ou a algum dos demais componentes do medicamento prescrito ou se estiver tomando simultaneamente um dos seguintes medicamentos:

❖ certos medicamentos contra infecções do HIV;

❖ certos medicamentos contra infecções por fungos;

❖ medicamentos que contêm eritromicina ou claritromicina (usados para o tratamento de infecções);

❖ medicamentos que contêm nefazodona (antidepressivos).

INTERAÇÕES COM OUTROS MEDICAMENTOS

Nunca deixe de informar seu médico se estiver tomando um dos seguintes medicamentos:

- medicamentos para o tratamento da epilepsia;

- medicamentos para o tratamento da hipertensão;

- medicamentos que contenham barbitúricos (usados para o tratamento de perturbações do sono);

- medicamentos que contenham tioridazina (antipsicótico).

Tratamento com antidepressivos

103. O que são antidepressivos?

Antidepressivos fazem parte dos medicamentos cuja eficácia contra os sintomas das doenças depressivas pôde ser comprovada cientificamente. Pertencem aos mais diferentes grupos de substância ativas com distintas propriedades, como: inibidores seletivos de recaptação de serotonina (SSRI), antidepressivos tricíclicos ou tetracíclicos, e inibidores da monoaminoxidase.

Alguns deles têm efeitos comprovados em casos de transtornos da angústia e transtornos obsessivo-compulsivos, dentre outras doenças psíquicas. Também podem agir, no caso da depressão bipolar, contra a inibição dos sentimentos, a tristeza, a desesperança, a angústia e a falta de iniciativa. Em geral, são bem tolerados.

Efeitos colaterais a serem considerados são queda da pressão sanguínea, sensação de vertigem, aceleração dos batimentos cardíacos, boca seca, transtornos da visão, mal-estar, prisão de ventre ou diarreia, transtornos da função sexual, cansaço ou aumento de peso. No caso de depressões bipolares, é preciso verificar ainda o risco do *switch* [passagem para a mania]".

104. O que significa risco de *switch*?

Constatou-se que, em pessoas bipolares depressivas, pode desenvolver-se, durante o tratamento com determinados antidepressivos mais antigos, um conjunto de sintomas de hipomania ou mania. Essa passagem da depressão para a hipomania/mania é chamada de *switch* (palavra inglesa para "mudança, troca, comutação").

Não se tem certeza se essa mudança drástica de humor ocorre espontaneamente, como expressão da bipolaridade da doença, ou se determinados antidepressivos contribuem para isso. Em pacientes com depressões bipolares marcadas por inquietação e angústia, o risco de *switch* é maior e aumenta conforme a duração do tratamento antidepressivo. Em relação aos novos antidepressivos, como os SSRI, contudo, raramente se observam essas mudanças de humor.

105. Como se pode impedir um *switch*?

Quando se fizer necessário usar um antidepressivo, deve ser usado adicionalmente também um estabilizador do humor (tipo A) ou um neuroléptico atípico, visando impedir a reviravolta (*switch*) para a hipomania ou mania. No tratamento da depressão bipolar, usam-se preferencialmente antidepressivos com baixo risco de *switch*. A conversa entre paciente e médico é fundamental na decisão sobre os tipos de medicamentos a serem usados.

Tratamentos com outros medicamentos

106. Quando são empregados tranquilizantes?

Os tranquilizantes são usados em estados de angústia, inquietação e agitação, bem como em casos de perturbação aguda do sono. Também no caso de alto grau de tensionamento psíquico, eles muitas vezes fazem efeito rapidamente.

No caso da doença bipolar, o uso de tranquilizantes é recomendado para a mania aguda, bem como para estados bipolares mistos e depressões acompanhadas de angústia, inquietação e agitação. Esse tratamento se comprovou eficaz especialmente em casos de comportamento agressivo, com ameaças a outras pessoas ou risco agudo de suicídio.

Como determinados antidepressivos necessitam de uma a três semanas para agir plenamente, prescrevem-se tranquilizantes também em casos de depressões bipolares para cobrir esse período. Dores psíquicas – angústia, inquietação, tensão psíquica, estado depressivo grave –, de modo semelhante a dores corporais, não devem ficar sem tratamento.

107. Quando os hormônios tireoidianos podem ser úteis?

O estabilizador do humor mais utilizado inibe o funcionamento da tireoide, provocando sintomas como esgotamento, prostração, cansaço, falta de energia, lentidão nos processos motores e psíquicos. Nesse caso, um diagnóstico da função tireoidiana e eventualmente um tratamento adicional com hormônios tireoidianos pode se fazer necessário, para compensar a deficiência hormonal provocada pelo medicamento.

Também no caso da depressão e no caso da ciclagem rápida, o uso de hormônios tireoidianos pode contribuir para uma normalização ou estabilização do humor. Supõe-se que, no tratamento da depressão, os hormônios tireoidianos aceleram o início ou reforçam o efeito dos antidepressivos.

O uso de hormônios tireoidianos pode ser interessante, mesmo que se verifique o funcionamento normal da tireoide, em alguns casos de depressões unipolares recorrentes, de transtorno bipolar, de depressões resistentes à terapia ou de ciclagem rápida. Contudo, esse tipo de terapia com altas doses de hormônios tireoidianos requer larga experiência de quem aplica o tratamento e controles frequentes, razão pela qual só deve ser feita em centros especialmente capacitados para isso.

108. O que são "bloqueadores do canal de cálcio"?

Esse grupo de medicamentos é utilizado principalmente no tratamento de determinadas doenças cardíacas e de hipertensão. Num número muito reduzido de estudos experimentais com determinados bloqueadores do canal de cálcio houve indícios de um possível efeito estabilizador do humor. No caso de manias que resistem a outras formas de terapia, o uso de um bloqueador do canal de cálcio pode ser interessante, mas não se trata de uma rotina terapêutica apropriada.

109. Os ácidos graxos ômega 3 são úteis?

Alguns poucos estudos dizem que os ácidos graxos ômega 3 dilatam o intervalo de estabilidade do humor entre episódios do transtorno bipolar e podem ter influência positiva sobre a configuração da mania ou da depressão. Esse possível efeito estabilizador do humor, no entanto, ainda é muito controvertido. Em um estudo mais aprofundado de data recente não se pôde constatar nenhum efeito convincente para o tratamento da depressão bipolar.

Os ácidos graxos ômega 3 são abundantes no óleo de peixe – por exemplo, do salmão e da cavala. Muitas pessoas acham fascinante imaginar que podem influenciar favoravelmente o curso de seu transtorno bipolar com essa forma "natural" de tratamento. Por essa razão, tornou-se popular na América do Norte associar o uso de ácidos graxos ômega 3 à medicação estabilizadora do humor no tratamento de pacientes acometidos por transtorno bipolar.

110. Como é o medicamento ideal?

Todos os medicamentos passam por um longo processo até conquistar um lugar seguro no repertório de tratamentos médicos. Eficácia e segurança (relação risco-benefício) são tão importantes quanto a facilidade de manuseio e um custo razoável.

Melhoramentos nas possibilidades de tratamento não apenas são sempre bem-vindos, como, diante do quadro atual, também urgentemente necessários! No caso dos estabilizadores do humor, as opções foram ampliadas com o uso dos neurolépticos atípicos.

Idealmente, um estabilizador do humor deveria possuir ao mesmo tempo propriedades antidepressivas, antimaníacas e preventivas da recidiva. Deveria ser tão eficaz em estados mistos maníaco-depressivos quanto na ciclagem rápida e, sobretudo, agir nos episódios bipolares bem caracterizados e quando ocorrem em ciclos curtos. Além disso, o medicamento ideal deveria ser de fácil manuseio e não interagir com outros medicamentos.

O que é preciso saber sobre o uso de medicamentos

111. O que eu deveria saber sobre os meus medicamentos?

O paciente deve gravar na memória os nomes dos seus medicamentos e saber exatamente a dosagem de cada um deles a ser usada. Deve-se prestar atenção no aspecto da embalagem e principalmente na cor, forma e tamanho dos comprimidos ou drágeas. Muitos pacientes conseguem identificar seus medicamentos também pelo sabor. Também é importante verificar sempre a data de validade.

O modo mais efetivo de garantir a ingestão é fixar um horário ao longo do dia para fazer isso, por exemplo, junto às refeições.

112. Os medicamentos de efeito antibipolar viciam?

Os medicamentos para o tratamento de doenças bipolares não viciam, ou seja, não causam dependência.

Seu uso regular contribui para a melhora da condição da saúde psíquica do paciente, mas não se trata, de modo algum, de uma dependência no sentido de um vício. Ao contrário, deixar de tomá-los faz piorar o curso da doença e aumentar os riscos para a saúde.

113. Como é tratada uma hipomania?

As hipomanias não são fáceis de constatar, sobretudo porque a maioria dos pacientes não se sente doente mesmo no estado agudo.

Para tratá-las, empregam-se sobretudo estabilizadores do humor do tipo A. Contudo, de modo geral, as pessoas não se mostram muito dispostas a tomar medicamentos em fases hipomaníacas.

114. Como se trata as manias com o auxílio de medicamentos?

A terapia medicamentosa trata os seguintes sintomas:

* agitação psíquica, física e comportamental;
* humor exaltado, irritadiço e/ou demasiadamente instável;
* necessidade de sono extremamente reduzida e, condicionado por esta, exaustão psíquica e física.

Nesse caso, empregam-se inicialmente estabilizadores do humor do tipo A. Os novos neurolépticos atípicos também apresentam uma eficácia antimaníaca muito boa. Eles podem ser usados tanto isoladamente como em combinação com os estabilizadores de humor e agem tanto contra a agitação e as alterações maníacas do humor como também contra os sintomas psicóticos que aparecem nas manias graves (alucinações). A grande vantagem dos medicamentos desse grupo é que a tolerância a eles é muito maior. Os neurolépticos mais antigos (típicos) possuem um efeito comparável ao dos atípicos, mas os efeitos colaterais são bem mais numerosos.

Numa situação de emergência, podem-se prescrever adicionalmente tranquilizantes para conseguir controlar a agitação, a desinibição e a impulsividade.

Os pacientes com mania muitas vezes passaram dias ou semanas dormindo pouco. Essa carência de sono contribui decisivamente para a piora do seu quadro de sintomas maníacos. Por essa razão, medicamentos que favorecem o sono desempenham um papel importante no tratamento. No tratamento agudo, geralmente empregam-se vários medicamentos, como, por exemplo, estabilizador do humor + tranquilizante + neuroléptico atípicos.

115. Qual é a melhor terapia para estados bipolares mistos?

Há três tipos diferentes de estados bipolares mistos:

* estados mistos em que os sintomas maníacos e depressivos ocorrem mais ou menos na mesma proporção;
* estados mistos com mais sintomas maníacos que depressivos;

❖ estados mistos com mais sintomas depressivos que maníacos.

O tratamento medicamentoso dos estados mistos bipolares é muito similar ao das manias. Trata-se primeiramente o transtorno do humor com um estabilizador do humor do tipo A. Se essa terapia não for suficiente, ministra-se adicionalmente um estabilizador do humor do tipo B. Se, em fases agudas, aparecerem adicionalmente sintomas psicóticos, pode-se atingir bons resultados com um tratamento que combine o tipo A ou o tipo B com um neuroléptico atípico.

Os estados mistos com mais sintomas depressivos que maníacos são tratados desde o início com um estabilizador do humor tipo B.

116. Como se trata a ciclagem rápida com o auxílio de medicamentos?

No caso da ciclagem rápida, o paciente sofre, em um ano, quatro ou mais episódios do transtorno bipolar. Recidivas muito frequentes representam um desafio terapêutico muito importante, porque os medicamentos usuais de eficácia comprovada no tratamento de transtornos bipolares não fazem praticamente nenhum efeito nesses casos. Em contrapartida, certos estabilizadores do humor do tipo A e do tipo B podem ajudar bastante. O uso de neurolépticos atípicos também parece ser promissor como possibilidade de tratamento.

Os médicos experientes costumam decidir-se por um tratamento combinado de dois estabilizadores do humor e um neuroléptico atípico. Essa combinação de terapias, contudo, necessita de controles médicos estritos e regulares, por causa do risco elevado de efeitos colaterais.

117. Como é tratada a depressão bipolar?

Atualmente os efeitos da ação de certos antipsicóticos atípicos são os mais bem comprovados por estudos para o tratamento das depressões bipolares, com resultados muito bons em todos os graus de gravidade das depressões bipolares. Adicional ou alternativamente existe a possibilidade de ajustá-los a um estabilizador do humor do tipo B. Caso o quadro de sintomas persista por mais tempo, tenha uma configuração mais grave ou não melhore por meio desse tratamento, o médico pode prescrever adicionalmente medicamentos de efeito antidepressivo específico, tomando cuidado com o risco de *switch*.

O REMÉDIO PODE NÃO SER SUFICIENTE

Quem sofre de transtorno bipolar-depressivo deveria ir além da terapia medicamentosa e manter um acompanhamento psicoterapêutico.

Com frequência as alterações do humor de cunho depressivo são acompanhadas de estados de inquietação e angústia. O tratamento desses sintomas é extremamente importante, pois são bastante comprometedores e até insuportáveis para os pacientes. Nesse caso, o melhor e mais rápido efeito é obtido com medicamentos do grupo dos tranquilizantes. Sintomas psicóticos adicionais que ocorrem em depressões bipolares graves podem ser tratados com neurolépticos atípicos.

118. Como se planeja a prevenção de recidiva?

O transtorno bipolar tem de ser tratado durante toda a vida, de modo similar à diabete ou à hipertensão. Para aliviar o peso que isso significa, é importante seguir um tratamento preventivo da recidiva. Para muitas pessoas que adoeceram, isso se torna necessário o mais tardar após o segundo ou terceiro episódio da doença.

O diagnóstico médico e a opinião do paciente (e eventualmente de seus familiares) são decisivos para o planejamento da prevenção de recidiva. O medicamento é escolhido após uma análise detalhada do curso da doença até aquele momento e depois de respondidas numerosas perguntas:

- ❖ Com que frequência e com que intervalo ocorrem os episódios bipolares?
- ❖ No curso da doença até o momento, ocorreram mais depressões que outros episódios bipolares?
- ❖ O paciente tem depressões e hipomanias?
- ❖ Ao lado das depressões, o paciente também tem frequentemente manias e/ou estados bipolares mistos?
- ❖ Trata-se de um caso de ciclagem rápida?
- ❖ Qual a frequência com que os episódios bipolares vêm acompanhados de sintomas psicóticos?
- ❖ O paciente já tentou cometer suicídio? Como se avalia o risco de o paciente cometer suicídio?
- ❖ Houve no passado acontecimentos difíceis, estressantes ou conflitos familiares?
- ❖ O paciente tem problemas para superar a doença ou dificuldades de mudar o modo de vida em função da doença?
- ❖ O que o paciente pensa acerca da doença e do tratamento?
- ❖ O paciente consegue aceitar as recomendações médicas referentes às terapias preventivas da recidiva?
- ❖ O paciente toma os medicamentos prescritos regularmente?

NÃO DEIXE DE TOMAR OS MEDICAMENTOS

De modo algum os medicamentos recomendados para a prevenção de recidiva devem ser suspensos por conta própria. Prevenção efetiva da recidiva significa que os medicamentos precisam ser tomados continuamente, mesmo depois de desaparecerem os sintomas agudos da doença. Se isso for um problema, o médico deve ser informado.

119. Que medicamentos atuam na prevenção da recidiva?

Os medicamentos usados com mais frequência na prevenção de recidiva são os estabilizadores de humor.

Após o desaparecimento ou então após o tratamento bem-sucedido dos episódios maníacos, o risco de desenvolver uma depressão pós-maníaca é grande. Concluída com êxito a terapia dos sintomas maníacos, o tratamento deveria prosseguir por mais 3 a 12 meses, visando prevenir uma recidiva precoce. Esse período de terapia também é chamada de fase de estabilização. Costuma-se prescrever doses decrescentes dos medicamentos na fase de estabilização pós-maníaca.

120. É possível tornar-se independente dos medicamentos?

Embora os medicamentos estabilizem a saúde psíquica, aumentem a qualidade de vida e transmitam uma sensação de segurança ao paciente, é compreensível que se tenha ressalvas quanto ao seu uso contínuo. Há pessoas que não conseguem se conformar com o fato de que sua saúde e a estabilidade de sua vida emocional estejam vinculadas ao uso de um medicamento.

Caso seja possível levar uma vida saudável – sem álcool, sem estresse, dormindo o suficiente – exercer atividades estruturadas, manter o equilíbrio e evitar episódios bipolares, o paciente necessitará de doses menores de medicamentos para atingir as metas terapêuticas de modo duradouro. Mas essa é uma decisão a ser tomada em conjunto com o médico, para evitar os riscos à saúde psíquica.

121. Por que o uso regular de medicamentos pode ser difícil?

Há quem tenha medo dos efeitos colaterais, pouca confiança na eficácia e dúvida quanto à escolha correta dos medicamentos. Também há pacientes que relatam não terem sido suficientemente esclarecidos pelo seu médico quanto à ação e aos efeitos colaterais dos medicamentos. Outros deduzem que o tratamento continuado não é tão necessário, já que as consultas médicas se dão às vezes em longos intervalos. Muitos se sentem incomodados porque o uso de medicamentos os lembra constantemente da doença. Um número muito grande de tratamentos de fato fracassa porque os medicamentos prescritos não são tomados.

Outros procedimentos terapêuticos possíveis

122. Quando uma eletroconvulsoterapia (ECT) é útil?

Certos filmes e reportagens sobre as condições dos hospitais psiquiátricos, especialmente no passado, mas ainda hoje em alguns lugares, causaram má fama ao chamado "tratamento de choque". Para o público em geral, a eletroconvulsoterapia (ECT) é inaceitável e eticamente indefensável.

A falta de informação e o desconhecimento dos benefícios desse método terapêutico alimentam preconceitos e temores, deixam pacientes e familiares muitíssimo inseguros. Por isso, e também porque atualmente há diversos medicamentos eficazes, a ECT só é usada raramente – como um "último recurso".

A ECT PODE SALVAR VIDAS

A eletroconvulsoterapia (ECT) é uma das terapias mais eficientes para o caso de episódios bipolares agudos. Ela tem efeito rápido, ajuda pacientes que não reagem a outras terapias e pode até mesmo salvar vidas (em casos de catatonia letal aguda, síndrome neuroléptica maligna).

A ECT é especialmente eficaz em casos de depressão muito acentuada e em estados mistos maníaco-depressivos graves, mas também o quadro sintomático da mania grave e a ciclagem rápida podem ser tratados de modo rápido e efetivo.

123. Quais os benefícios da fototerapia?

Já foi comprovado que o humor e numerosas outras funções físicas e psíquicas estão sujeitos às mudanças de estação, especialmente em lugares em que o inverno é mais rigoroso. O ser humano não hiberna como alguns animais, mas sente as variações da natureza, e os períodos de fadiga e melancolia são algo bem corriqueiro e normal.

No caso de algumas pessoas, as oscilações de humor e de atividade que ocorrem no ciclo anual são tão pronunciadas que a capacidade produtiva física e psíquica, e por consequência a qualidade de vida, ficam consideravelmente prejudicadas.

DEPRESSÃO DE INVERNO

Quando ano após ano, sempre nas mesmas épocas, ocorrem altos e baixos bem pronunciados, trata-se de um transtorno afetivo sazonal.

Se você observou em si mesmo um modelo sazonal de ocorrência de episódios bipolares, fale com o seu médico sobre a possibilidade de um tratamento fototerápico.

Algumas pessoas podem ter transtornos bipolares sazonais. Isso significa que podem ocorrer, por exemplo, hipomanias ou manias na primavera e no verão e depressões no outono ou inverno. Supõe-se que esses transtornos sazonais possam estar relacionados com a exposição à luz, que é diferente em cada estação.

Essa especulação foi reforçada por interessantes descobertas após a realização de experimentos terapêuticos com exposição artificial à luz do dia. Ainda não há provas cientificamente asseguradas da eficácia da fototerapia, porém, como se trata de um método terapêutico inofensivo, sem efeitos colaterais dignos de menção, ele vem sendo utilizado e, no caso de alguns pacientes, com evidente sucesso.

O tratamento psicoterapêutico

124. Faz sentido fazer psicoterapia?

No caso de transtornos bipolares, as intervenções psicoterapêuticas são absolutamente significativas e proveitosas.

Sob o conceito coletivo "psicoterapia" são reunidas, num primeiro momento, todas as medidas terapêuticas que se valem de meios psicológicos. Exatamente como existem diferentes procedimentos medicamentosos e de tratamento, para cada quadro sintomático e estado problemático há diferentes psicoterapias. Elas deveriam hoje fazer parte do padrão de tratamento no caso dos transtornos bipolares, porque o estresse, eventos comprometedores da vida, conflitos familiares e um cotidiano tumultuado e desordenado podem favorecer a manifestação da doença e os episódios recorrentes.

Entretanto, a psicoterapia não é suficiente como forma exclusiva de tratamento. O transtorno bipolar exige um tratamento integral, do qual fazem parte tanto os medicamentos como também as medidas psicoterapêuticas.

125. Que métodos entram em cogitação?

No tratamento dos transtornos bipolares são empregados diversos métodos e procedimento psicoterapêuticos:

❖ a psicoeducação (todo paciente bipolar deveria receber);
❖ a psicoterapia focada na família (TFF);
❖ a terapia interpessoal e do ritmo social (TIPRS);
❖ a terapia cognitivo-comportamental (TCC).

As psicoterapias são realizadas na forma de tratamento individual ou grupal. Pode ser perfeitamente cabível usar diferentes procedimentos psicoterapêuticos em diferentes momentos.

126. O que é psicoeducação?

A psicoeducação transmite às pessoas com transtorno bipolar, e eventualmente a seus familiares, informações importantes sobre a doença: causas, sintomas, diagnóstico, curso, tratamento. *Educação* significa "instrução" ou "treinamento". A transmissão do saber visa capacitar os pacientes a lidar de modo consciente e responsável com a doença e os familiares a terem uma postura mais compreensiva e oferecer apoio diante de comportamentos condicionados por ela.

INFORMAÇÃO VALIOSA

Sob o termo "psicoeducação" reúnem-se formas bastante variadas de transmissão de informação: brochuras, guias para pacientes, livros, vídeos, páginas de internet, grupos de autoajuda e programas terapêuticos dirigidos.

127. Como funciona a psicoeducação?

Os programas de psicoeducação são conduzidos por um médico ou um psicoterapeuta e consistem, via de regra, em uma série de 8 a 12 sessões em grupo de no máximo 90 minutos. Os temas de cada uma das sessões são elaborados coletivamente. Para aprofundamento dos conteúdos são utilizados diversos materiais de trabalho (nos Anexos você encontra um exemplo). As ênfases temáticas de cada uma das sessões podem ser as seguintes:

❖ informações gerais sobre sintomas típicos da doença bipolar, sobre suas possíveis causas, assim como sobre o curso da doença;

❖ possibilidades de tratamento, especialmente informações sobre o tratamento medicamentoso e psicoterapêutico;

❖ como reconhecer os primeiros sinais de alerta dos episódios maníacos e depressivos;

❖ comportamentos adequados em situações de crise e emergência.

As ênfases se orientam, antes de tudo, pelas necessidades e interesses dos participantes, concedendo bastante tempo para a troca de experiências.

Os programas de psicoeducação são oferecidos em clínicas, hospitais-dia e ambulatórios. Maiores informações podem ser conseguidas na Associação Brasileira de Transtorno Bipolar – ABTB (http://www.abtb.org.br/) e na Associação Brasileira de Familiares, Amigos e Portadores de Transtornos Afetivos – ABRATA (http://www.abrata.org.br).

Os objetivos dos programas de psicoeducação são a compreensão da doença, a motivação para a mudança e o treinamento das habilidades necessárias. Dentre estas estão a observação de si mesmo, administração do estresse, administração das emoções, habilidades sociais e habilidades para a solução de problemas.

Com frequência a psicoeducação, que é limitada quanto ao tempo e ao conteúdo, não é suficiente para alcançar esses objetivos. Nesse caso, o processo deveria prosseguir com uma psicoterapia. Porém, todos os procedimentos psicoterapêuticos subsequentes também envolvem de modo correspondente elementos psicoeducativos.

128. O que é "psicoterapia focada na família"?

"Focada na família" significa que, no centro do tratamento, não se encontra só a pessoa acometida de transtorno bipolar, mas toda a sua família. A ideia básica da psicoterapia focada na família (TFF) é que uma das causas principais para a reincidência de um episódio da doença pode residir na maneira como os familiares se relacionam: no modo como conversam e valorizam a companhia uns dos outros, o nível de atenção que um dispensa ao outro, de que maneira um encoraja e estimula ou desencoraja e freia o outro.

Se nas relações familiares predominar o tom áspero, acusatório, depreciativo ou causador de sentimentos de culpa, se houver pouca compreensão e pouco apoio mútuo e se as emoções negativas forem liberadas com demasiada frequência, o clima resultante pode contribuir decisivamente para que novos episódios sejam desencadeados e a doença como um todo tenha o seu curso piorado. Por essa razão, a ênfase dessa psicoterapia está na melhoria do clima familiar.

A TFF visa conseguir que todos os membros da família mostrem maior compreensão com a pessoa doente, que a apoiem, encorajem e ajudem a lidar com seu transtorno.

A FAMÍLIA É A BASE

A TFF fortalece em todos os membros da família a consciência de que a família pode ser a mais essencial das fontes naturais de apoio, confirmando o lema "a união faz a força". Por essa razão, o treinamento para o diálogo e a solução de problemas compõe o padrão da terapia da família.

129. Quais os objetivos da terapia interpessoal e do ritmo social?

A terapia interpessoal e do ritmo social (TIPRS) parte do pressuposto que numerosos processos vitais do ser humano transcorrem com regularidade periódica ou rítmica. Essa forma de abordagem psicoterápica foi desenvolvida especificamente para a profilaxia da recidiva de transtornos bipolares. Os ritmos periódicos diários sem dúvida são os que mais chamam a atenção: pois ao longo do dia o ser humano passa por oscilações regulares, por exemplo, da temperatura corporal e da pressão sanguínea, da frequência cardíaca, da profundidade respiratória, da atividade metabólica e do grau de lucidez. A maioria das pessoas tem uma percepção muito precisa de seu ritmo diário: hora de despertar e de dormir, horário preferido para as refeições, períodos de alto ou baixo desempenho etc. Na linguagem coloquial, chamamos isso de "relógio biológico ou interno". Nosso corpo dispõe de numerosos relógios biológicos desse tipo, por isso é preciso que haja no cérebro sistemas funcionais que harmonizem esses relógios entre si e com o decorrer do dia. Um exemplo especialmente chamativo para isso é o ritmo de sono-vigília.

No caso do transtorno bipolar, o "relógio interno" está desregulado, os ritmos biológicos estão em total descompasso entre si e com a natureza circundante. Um modo de vida "caótico" e um cotidiano desorganizado podem contribuir decisivamente para essa desregulagem. Por isso, um ponto central da terapia interpessoal e do ritmo social é a suposição de que as pessoas acometidas de transtorno bipolar são especialmente sensíveis a perturbações nos ritmos biológicos e sociais. Desregulagens do "relógio interno" provocam enormes oscilações do humor.

CRIAR ROTINAS E SEGUI-LAS

A TIPRS visa desenvolver a consciência de que as rotinas cotidianas contribuem para estabilizar o humor e em seu conjunto favorecem a saúde psíquica.

Por conseguinte, o objetivo dessa abordagem psicoterapêutica é, por um lado, favorecer a criação de rotinas cotidianas regulares mediante a melhoria das relações interpessoais, bem como do planejamento familiar e profissional; por outro lado, visa harmonizar melhor os relacionamentos interpessoais (trabalho, vida familiar, planejamento do dia a dia) com as necessidades biológicas naturais (períodos de atividade e descanso, refeições, sono e despertar). Isso se consegue, entre outras formas, estruturando o planejamento do cotidiano, das atividades.

Pelos dados disponíveis atualmente, a terapia interpessoal e do ritmo social exerce uma influência positiva em termos de estabilidade quando é iniciada durante a fase aguda. Esse resultado é derivado do fato de que os pacientes apresentam ritmos mais estáveis logo após o tratamento agudo. Associada à redução da recidiva (especialmente dos episódios depressivos), foi observada também uma redução mais rápida do quadro de sintomas depressivos.

130. Quando uma terapia cognitivo-comportamental pode ser útil?

O primeiro passo da terapia cognitivo-comportamental (TCC) sempre consiste na elaboração de um modelo biopsicossocial comum do transtorno. Para isso, são levados em conta os episódios da doença ocorridos até o momento, aspectos biográficos e observações do próprio paciente. Nesse contexto, são detectados, com o auxílio de registros diários do humor e análises comportamentais/situacionais, os primeiros sinais de alerta para episódios depressivos e maníacos, para os quais em seguida são desenvolvidas estratégias concretas de superação.

O terapeuta e o paciente analisam juntos quais são os fatores que favorecem uma recidiva: há deficiências em determinadas habilidades? Como está o ritmo de vida?

O paciente conhece e exercita um comportamento benéfico à saúde? Estão presentes os chamados "esquemas disfuncionais", ou seja, comportamentos ou suposições que atuam contrariamente à estabilidade e à saúde? Por exemplo, a suposição "eu não preciso me esforçar muito para dar conta do recado" pode influenciar o nível de atividade e de exigência de modo a favorecer a recidiva. São elaboradas as possibilidades de interromper círculos viciosos, como, por exemplo, o círculo da depressão "humor em baixa → redução do nível de atividade → autoavaliação negativa e falta de experiências exitosas → humor ainda mais em baixa" ou, inversamente, o círculo da mania "humor em alta → intensificação da impulsividade → autoavaliação positiva e experiências exitosas → reforço do humor maníaco".

O menor risco de *switch* parece ser uma vantagem da psicoterapia em comparação com o emprego de um antidepressivo adjuvante. A TCC também é eficaz nos episódios depressivos pós-maníacos, ou seja, no tratamento de fases em que a medicação antidepressiva implica num risco especialmente elevado de *switch*.

Alguns estudos demonstram que o tratamento cognitivo-comportamental da depressão bipolar aguda obtém um grau de eficácia similar ao do tratamento cognitivo-comportamental do transtorno depressivo recidivo. Os dados agregados de estudos randômicos disponíveis resultam num efeito estatisticamente significativo, ainda que pequeno, sobre os casos de recidiva. Um dos estudos concluiu que a eficácia se dá apenas em relação às recidivas depressivas: menos recidivas e episódios recidivos não tão longos, menos hospitalizações e nível mais elevado de funcionamento psicossocial. O fato de, após 18-30 meses após o término da TCC ainda serem descritos menos sintomas de mania e depressão dá uma noção da eficácia dessa forma de abordagem psicoterapêutica.

131. Medicamentos + psicoterapia: isso faz sentido?

Para a maioria das pessoas com transtorno bipolar a aplicação combinada das formas de tratamento medicamentosa e psicoterapêutica constitui a melhor terapia.

A psicoeducação deveria ser oferecida por padrão como rotina clínica. Com frequência, o mais sensato seriam intervenções psicoterapêuticas contínuas. No caso das fases agudas, o que se espera é um efeito de todos os procedimentos psicoterapêuticos mencionados no sentido de acelerar a retração do quadro de sintomas depressivos e aumentar o tempo de estabilidade. No caso das fases maníacas agudas, a terapia interpessoal e do ritmo social constitui um método adjuvante efetivo da terapia farmacológica.

Úteis para a prevenção de longo prazo de episódios depressivos, além do uso regular de medicamentos, sobretudo a terapia cognitivo-comportamental e a terapia focada na família. O que ajuda muito na prevenção de episódios maníacos é principalmente a identificação dos primeiros sinais de alerta e o uso correto dos medicamentos, o que se aprende nos programas de psicoeducação.

A eficácia da psicoterapia depende da elaboração do maior número possível de aspectos listados a seguir, o que é possível por meio de diversos procedimentos terapêuticos:

❖ aceitação do transtorno;

❖ uso correto dos medicamentos;

❖ melhora da autoestima e do nível de atividade;

❖ redução de comportamentos de risco;

❖ redução de fatores biopsicossociais desestabilizadores;

❖ refrear o estresse (também o interpessoal);

❖ estratégias de controle da depressão e hipomania;

❖ percepção dos primeiros sinais de alerta;

❖ mudança de postura em relação à doença e seu tratamento;

❖ intensificação do autocuidado ("deveres de casa terapêuticos").

132. Qual a validade dos métodos terapêuticos alternativos?

Uma falha da medicina moderna consiste em que médicos e psicólogos poucas vezes levam em conta as "concepções da doença" que os seus pacientes têm, isto é, as representações que eles têm das causas do transtorno e suas expectativas daí derivadas em relação à terapia.

Doenças crônicas podem suscitar questões existenciais nos pacientes, as quais dizem respeito ao sentido da vida, ao itinerário pessoal. Essas questões tocam o âmbito espiritual, que na medicina muitas vezes não é considerado. Isso leva os pacientes a passar por decepções que nem sempre podem ser compensadas pela cientificidade do diagnóstico e da terapia.

Ainda assim, é preciso reforçar que os tratamentos da medicina são mais duradouros e eficazes que os das terapias alternativas no que se refere a pessoas com transtorno bipolar.

133. Para que servem grupos de autoajuda?

Nos grupos de autoajuda, reúnem-se pessoas que compartilham o mesmo destino em termos de doença, visando apoiar-se mutuamente. Elas organizam-se por conta própria e responsabilizam-se por seus membros.

O movimento de autoajuda é um sinal visível de que as pessoas querem participar das decisões em questões de saúde. Embora não sejam dirigidos por especialistas, esses grupos de autoajuda que se reúnem voluntariamente precisam de apoio sob a forma de:

- cooperação de especialistas (informação, aconselhamento);
- condições que favoreçam o trabalho em grupo (sala de reunião, materiais de trabalho);
- auxílio na organização;
- plataformas de contato (intercâmbio com outros grupos e com especialistas);
- fomento financeiro etc.

> No Brasil, a Associação Brasileira de Transtorno Bipolar – ABTB e a Associação Brasileira de Familiares, Amigos e Portadores de Transtornos Afetivos – ABRATA podem ser usadas como referência para a localização de grupos de apoio. Na seção *Serviços*, estão listados endereços e links da internet que podem ser úteis para localizar um grupo.

QUESTÕES PRÁTICAS

O que vai mudar na minha vida?

Neste capítulo você recebe esclarecimentos sobre importantes questões relacionadas à família, profissão e situação legal. O preenchimento das planilhas é um primeiro passo para saber como lidar com a doença.

Informações sobre gravidez e parto

134. Poderei ter filhos algum dia?

O transtorno bipolar normalmente não tem nenhuma influência sobre a fertilidade. Diversas razões podem influenciar nas tentativas de engravidar, e não estão necessariamente vinculadas com a doença ou com os medicamentos usados em seu tratamento. O melhor a fazer é o casal consultar-se com um ginecologista e, eventualmente, com um especialista em fertilização.

135. Meus filhos herdarão a doença?

Se só o pai ou só a mãe tem transtorno bipolar, a probabilidade de transmissão genética às crianças é de cerca de 8%. Quando se incluem as depressões unipolares, a probabilidade do adoecimento sobe para cerca de 20%.

A questão sobre se a pessoa deveria ou não ter filhos, porém, vai muito além das estatísticas. Naturalmente, há dúvidas sobre o grau de estabilidade da saúde psíquica da pessoa, sobre como o casal lida com a doença, mas o mais importante, independentemente do transtorno, é que a relação esteja consolidada.

136. Por que seria aconselhável planejar uma gravidez?

Se a mulher tiver um transtorno bipolar e estiver tomando medicamentos, será importante para a saúde dela e para o desenvolvimento saudável do bebê que a doença esteja sob controle: durante e após a gravidez não devem ocorrer episódios maníacos nem episódios depressivos para a mãe estar o mais equilibrada possível.

O bebê também não deve ficar exposto a nenhum risco desnecessário – sejam riscos advindos dos medicamentos usados, sejam dos sintomas da doença, que podem causar danos ao feto por estarem associados a alterações de comportamento que o influenciariam desfavoravelmente. Desses sintomas fazem parte, por exemplo, a falta de iniciativa, alimentação insuficiente, perturbações do pensamento durante uma depressão ou agitação, insônia e negligência nos exames pré-natal durante uma mania.

FALE COM SEU MÉDICO

Conversas francas e um acompanhamento regular do médico facilitam o ajuste dos medicamentos de maneira que a mamãe permaneça assintomática e seu bebê não seja prejudicado.

---

137. Devo parar de tomar meus medicamentos durante a gravidez?

De modo algum os medicamentos devem ser suspensos por conta própria! O melhor a fazer, assim que se confirme a gravidez, é aconselhar-se o quanto antes com o médico sobre o melhor procedimento para a mãe e o bebê.

138. O que fazer no caso de uma gravidez não planejada?

O mais importante é que a futura mamãe fique calma e não entre em pânico. Naturalmente há o receio justificável de que os medicamentos possam prejudicar o desenvolvimento do bebê. Contudo, os riscos para a mãe são maiores do que possíveis malformações do feto, caso ela deixe de tomar os medicamentos de forma precipitada. O correto e melhor a fazer é procurar o médico o quanto antes e planejar como proceder dali em diante.

139. Os medicamentos podem ser prejudiciais ao bebê?

Em princípio, qualquer medicamento ingerido durante a gravidez envolve algum risco ao bebê. Isso vale também para o consumo de nicotina, álcool e drogas. Principalmente nas três primeiras semanas de gravidez, os medicamentos podem causar danos ao bebê porque é nesse período que se desenvolve a maior parte dos órgãos.

Portanto, o planejamento da gravidez é de suma importância. Igualmente necessário é um aconselhamento individual com o médico para esclarecer se o uso de determinados medicamentos deverá ser interrompido e quais poderão continuar a ser usados durante a gravidez.

140. O que pode acontecer se eu parar de tomar os medicamentos?

Isso depende do curso da doença até o momento. Se a pessoa teve um único episódio da doença, talvez seja possível suspender os estabilizadores do humor durante a gravidez. Contudo, se ela já teve muitos episódios maníacos ou episódios depressivos graves, a suspensão dos medicamentos pode provocar um novo episódio durante a gravidez ou imediatamente após.

Quem tem transtorno bipolar sabe o quanto a vida é prejudicada em cada episódio depressivo ou maníaco. Durante a gravidez, tudo o que acontece com a mãe atinge também o bebê; portanto, se ela não se alimentar e não dormir o suficiente, não fizer regularmente os exames preventivos ou se perturbar com pensamentos tristes, o bebê sofrerá os efeitos desfavoráveis.

Assim, é importante dialogar pormenorizadamente com o médico sobre esse assunto. Ele aconselhará e tomará a decisão correta com a paciente, sabendo que nenhuma decisão será totalmente isenta de risco.

141. O que fazer em caso de vômitos matinais?

Se a mulher sofrer de vômitos em decorrência da gravidez, os medicamentos podem não ser bem absorvidos e, desse modo, sua eficácia ficará prejudicada. Assim, o médico deverá ser comunicado e, com ele, combinado outro horário para tomar os medicamentos. Nesse caso, será necessário fazer um controle mais frequente do nível das substâncias no sangue, para verificar se a proteção medicamentosa é suficiente.

142. Os estabilizadores do humor e os antiepilépticos são prejudiciais ao feto?

Os estabilizadores do humor ou os antiepilépticos asseguram que o paciente não tenha episódios depressivos e maníacos ou os tenha muito raramente. Isso é importante para uma gravidez e um parto tranquilos. Por outro lado, todos os medicamentos chegam via placenta também ao bebê.

O médico deve, portanto, ponderar o risco de continuar usando-os, de reduzi-los ou suspendê-los lentamente para evitar malformações, especialmente no coração, na coluna vertebral e na medula espinhal. Para isso, é importante saber quantos episódios da doença a pessoa teve no passado e qual a gravidade deles. Além disso, talvez seja interessante realizar regularmente o controle do nível das substâncias dos medicamentos no sangue, e ultrassonografias do bebê para acompanhar o desenvolvimento dos seus órgãos.

ÁCIDO FÓLICO E VITAMINA K

É possível reduzir o risco de malformações no bebê seguindo uma dieta rica em ácido fólico antes e durante a gravidez. O ácido fólico é uma vitamina presente sobretudo no leite, nas verduras folhosas e no queijo. Existem também comprimidos de ácido fólico que podem ser usados suplementarmente. Além disso, a ingestão de vitamina K um ou dois meses antes do parto diminui o risco de alterações na coagulação sanguínea do bebê.

143. Os neurolépticos, os antidepressivos e os tranquilizantes também são perigosos para o bebê?

Também quanto ao uso desses medicamentos, o médico deve ponderar se o risco de um novo episódio da doença é maior do que o risco de que eles prejudiquem o bebê. Essa decisão depende do curso da doença e dos sintomas atuais.

Alguns neurolépticos típicos são considerados bastante seguros em caso de gravidez. Outros podem provocar malformações nos membros do bebê. Por serem mais recentes, pouca coisa se sabe sobre os riscos dos neurolépticos atípicos para o feto, então o melhor seria evitá-los durante a gravidez.

Às vezes, estados de inquietação são tratados com os chamados "neurolépticos de baixa potência" que, apesar da designação, oferecem um risco maior de malformações fetais do que as substâncias "de alta potência".

Por essa razão, eles não deveriam ser usados, sobretudo nos três primeiros meses de gravidez.

Os antidepressivos "clássicos" podem gerar numerosos efeitos colaterais e sintomas de abstinência na criança após o parto. Algumas substâncias mais recentes parecem ser mais favoráveis em seu modo de agir, embora possam ocorrer pequenas malformações de menor gravidade. Portanto, se uma terapia antidepressiva não puder ser evitada nos primeiros meses da gravidez, é preferível usar as substâncias mais novas. Em todo o caso, essa é uma decisão que cabe ao médico, em diálogo com sua paciente.

O uso de alguns tranquilizantes contra a angústia e a inquietação nos três primeiros meses de gravidez pode levar a malformações dos membros ou da região da boca e do maxilar do bebê. Mas isso depende, entre outras coisas, da dose e da duração do uso. Também nesse caso vale o conselho de que nos três primeiros meses de gravidez, a angústia e a inquietação deveriam, na medida do possível, ser tratadas sem medicamentos. Depois desse período, a prescrição de um tranquilizante não é mais tão arriscada.

EFEITOS COLATERAIS E SINTOMAS DE ABSTINÊNCIA NA CRIANÇA RECÉM-NASCIDA

Se pouco antes do parto a mãe ainda estiver tomando neurolépticos, antidepressivos ou tranquilizantes, o recém-nascido pode apresentar os efeitos colaterais típicos ou sintomas de abstinência do respectivo medicamento.

Os efeitos colaterais surgem porque o fígado e os rins, que normalmente são responsáveis pela decomposição dos medicamentos, ainda não estão funcionando corretamente. Assim, até mesmo concentrações mínimas que chegarem ao feto via placenta podem provocar tais reações.

Os sintomas de abstinência após o parto surgem porque, ao ser interrompida a ligação com o sistema circulatório materno, o bebê deixa de absorver os medicamentos e a concentração das substâncias no corpo da criança diminui. Em princípio, isso não será motivo de preocupação, porque os sintomas desaparecerão totalmente depois de algum tempo, mas é preciso contar com a possibilidade de que, dependendo da substância, a criança possa apresentar inquietação, distúrbios do sono, dificuldade para beber e outros sintomas.

144. A gravidez tem algum efeito sobre a doença?

Há mulheres com transtorno bipolar cujo humor melhora durante a gravidez; elas se sentem mais equilibradas e produtivas que em outros períodos. Contudo, persiste o risco de um novo episódio depressivo, mais raramente de um episódio maníaco, sobretudo se ela não tiver uma proteção medicamentosa.

Episódios maníacos são relativamente raros durante a gravidez; em compensação, depressões podem ocorrer durante a gravidez em até 40% das mulheres com doença bipolar.

145. O que fazer se a mãe ficar maníaca ou depressiva?

Às vezes, é difícil discernir o início de um episódio depressivo das alterações normais que ocorrem durante a gravidez. Muitas mulheres grávidas saudáveis também ficam cansadas, sem energia ou disposição, têm distúrbios do apetite ou pensamentos angustiantes. Não é preciso preocupar-se imediatamente ao constatar tais sintomas.

Contudo, se os incômodos persistirem, ficarem mais fortes ou se surgirem dolorosos sentimentos de culpa ou ideias de suicídio, então é preciso procurar o médico o quanto antes. É importante para a mãe e para o bebê que ela fale sobre seus sintomas e não os dissimule por vergonha.

O reconhecimento precoce de um episódio maníaco é especialmente importante durante a gravidez para diminuir o risco de que a paciente, em algum momento, não seja mais capaz de avaliar corretamente a sua situação e, desse modo, ponha a si mesma e ao bebê em perigo.

As manias são perigosas sempre que a pessoa dormir menos de quatro horas por noite, quando aparecerem sintomas psicóticos, se a agitação for intensa e a atividade motora elevada. A ameaça pode advir de uma diminuição de peso devido à hiperatividade. Caso não conheça os sintomas da mania, a paciente deve conversar sobre isso com seu médico. Se possível, uma pessoa próxima a ela também deveria estar informada sobre os sintomas indicativos de uma mania e de uma depressão, para, se for o caso, encaminhar uma consulta médica ou uma internação clínica.

146. Que cuidados são necessários antes do parto?

O ginecologista e o obstetra devem estar cientes de que a gestante tem um transtorno bipolar e quais são os medicamentos que ela está tomando. Talvez seja interessante preparar-se antecipadamente, procurando uma clínica com uma seção neonatal. Nesse caso, o médico que a acompanha deve estar informado sobre a clínica.

Tendo em vista que antes do parto alguns dos medicamentos supostamente deverão estar reduzidos, é melhor que a gestante esteja sob os cuidados de pessoas de sua confiança e seu bem-estar seja controlado com regularidade, além de combinar com o médico o momento mais propício para dar entrada na clínica.

> ## CONSULTE UM PEDIATRA
>
> Se possível, uma consulta com um pediatra antes do parto seria interessante, para entregar a ele um relatório por escrito do histórico da doença e dos medicamentos tomados, pois será necessário examinar o bebê com frequência maior que a do cronograma usual prescrito.

147. O parto de uma mulher com transtorno bipolar é diferente?

Se, no momento do parto, a paciente não apresentar sintomas, o transcurso do parto não será diferente do de outras mulheres. Ela também poderá escolher entre diversas possibilidades de preparação para o parto e modos de dar à luz o seu bebê.

148. Que cuidados serão necessários após o parto?

O período pós-parto (puerpério) está associado a alterações hormonais e a adaptações a uma situação de vida totalmente nova.

Nos três primeiros meses após o parto, as mulheres com transtorno bipolar correm um risco elevado de ter um episódio maníaco ou depressivo. Esse risco será de até 40%, se ela não fizer, imediatamente após o parto, uma profilaxia (prevenção de um novo episódio) com um estabilizador do humor. Dessa forma, ela poderá reduzir o risco para menos de 10%.

> ## CUIDE DO SEU EQUILÍBRIO PSÍQUICO
>
> É importante que, durante esse período, a mulher tenha apoio suficiente de seu parceiro ou de pessoas próximas, para que possa desfrutar o tempo com a sua criança. Cuide para dormir o suficiente e ter períodos de descanso, para que a sua psique também permaneça equilibrada.

149. Como se identifica uma depressão pós-parto?

É certo que, nas mulheres com transtorno bipolar, a doença oferece um risco maior no período pós-parto, mas há algumas alterações que não precisam ser motivos de preocupação imediata.

Mulheres saudáveis, com frequência, também têm distimias depressivas leves, relacionadas com alterações hormonais, nos primeiros dias após o parto. Sintomas típicos desse estado são desequilíbrio emocional, irritabilidade, lamentações, distúrbios do sono e do apetite. Na maior parte dos casos não há necessidade de tratamento, visto que os sintomas geralmente desaparecem depois de 10 a 14 dias.

150. O que fazer no caso da depressão pós-parto?

Em caso de depressão pós-parto, que em mulheres com transtorno bipolar é mais frequente do que em mulheres saudáveis, é importante procurar o médico e falar com ele sobre isso. Essa depressão precisa ser tratada por um especialista, pois só numa condição saudável a mulher pode tomar conta do seu bebê de forma apropriada.

É preciso ter em conta, porém, que as causas da depressão pós-parto ainda não estão completamente esclarecidas, e de modo algum significa que a mãe não se alegra com o bebê ou é motivo para que ela tenha sentimentos de culpa em relação à sua criança ou ao seu parceiro!

151. O que é psicose puerperal?

Nas mulheres com transtorno bipolar, o risco de adoecer de uma psicose puerperal é maior. Trata-se de uma doença rara, mas grave. Os sintomas geralmente começam de 10 a 14 dias após o parto e são muito similares aos da mania. A terapia também é similar à de um episódio maníaco.

É importante conversar com o médico para saber que sintomas precoces devem ser observados para que a paciente ou as pessoas de sua confiança possam reconhecê-los em tempo hábil e um tratamento possa ser iniciado o mais brevemente possível!

O risco de a mulher voltar a adoecer de uma psicose puerperal é estimado em 25%, independentemente do número de vezes que engravide. Se ela tiver irmãs que não foram acometidas de transtorno bipolar, elas também correm um risco elevado de ter uma psicose puerperal.

O que os familiares devem saber

152. Por que é importante estar bem informado?

Naturalmente, quem sofre em primeiro lugar com os problemas decorrentes do transtorno bipolar é a pessoa atingida por ele.

Entretanto, a doença pode causar tribulações também aos familiares e amigos, que sofrem pela pessoa e se preocupam com seu futuro. A vida de todos que convivem com um familiar doente é cerceada pelas emoções extremas que o atingem, principalmente os pais e o cônjuge, que se perguntam se têm corresponsabilidade pela doença. É comum sentirem-se impotentes frente ao sobe e desce das sensações, dos humores e dos comportamentos que resultam disso e inseguros quanto a atitude a tomar.

153. Como familiar, o que posso fazer para ajudar em caso de depressão?

Sensibilidade, paciência, apoio e confiança são especialmente importantes no trato com pessoas acometidas de uma doença depressiva. A depressão não tem nada a ver com má vontade ou defeitos de caráter.

O efeito mais provável de frases como "mantenha a compostura" ou "controle-se" é que a pessoa doente afunde ainda mais na depressão. Não existe uma "regra de ouro" para fazer tudo certo, mas as indicações apresentadas a seguir podem ajudar a contornar situações difíceis.

DEPRESSÃO:
10 REGRAS ÚTEIS PARA FAMILIARES E AMIGOS

1. Dialogar: seja compreensivo, converse com a pessoa com depressão de modo a ajudá-la a reconhecer que, no momento, ela se encontra depressiva. Procure ajudá-la a aceitar sua condição atual como uma doença passageira.

2. Ouvir: explique-lhe como o atual estado depressivo influencia no modo como ela sente, vivencia e se comporta, bem como sobre sua capacidade de produzir. Encoraje-a a falar e ouça com paciência. Diga-lhe que, no momento, ela deve exigir menos de si mesma.

3. Confiar: transmita-lhe esperança e reforce sua confiança de ela voltar a ser saudável. Não exija demais da pessoa e ajude-a a estruturar o seu dia. Quem tem uma depressão grave não se deixa "distrair" dela facilmente. De modo algum, faça grandes empreendimentos bem-intencionados, visando "injetar ânimo", como férias ou viagens. Em vez disso, se a pessoa mostrar algum interesse, proponha atividades mais simples e em curto espaço de tempo. Toda exigência excessiva contribui para que a pessoa depressiva se sinta ainda mais incapaz e inferiorizada.

4. Expressar sentimentos: com cuidado, pergunte-lhe sobre suas angústias, sentimentos de culpa, complexos de inferioridade, preocupações. Permita-lhe expressar-se da maneira que puder, sem pressionar.

5. Demonstrar afeto: um problema especialmente difícil de lidar, tanto para a pessoa doente quanto para seus amigos e familiares, são as ideias de suicídio. No momento em que forem verbalizadas, elas já terão perdido uma parte de seu caráter ameaçador, no entanto, não devem ser consideradas ameaças vãs. Não acredite que "quem fala não faz". Leve as ideias de suicídio totalmente a sério e demonstre à pessoa com depressão a sua consternação. Diga-lhe o que a morte dela significaria. Sinta se pode mesmo abordar o assunto, para que o faça da maneira correta, como, por exemplo, dizendo: "Tenho a impressão de que nos últimos tempos você não está muito bem, parece não ter mais esperança e que, às vezes, nada mais faz sentido. Você chega a pensar em não querer mais viver?". Se a pessoa responder afirmativamente, insista que ela procure um médico.

6. Assumir a tomada de decisões: ajude a pessoa com depressão a tomar decisões, ela muitas vezes fica em dúvida sobre o que deve fazer, sente-se confusa. Em geral, fica aliviada quando alguém a desobriga de tomar decisões.

7. Buscar tratamento: converse com ela sobre as possibilidades de tratamento e se ofereça para ajudar na busca e marcação de consulta.

8. Acompanhar: acompanhe-a às consultas e auxilie-a a cumprir as prescrições médicas.

9. Reconhecer a própria dificuldade: pessoa acometida de doença depressiva, às vezes, pode se mostrar irritadiça e renitente; seu pessimismo pode puxar para baixo o ânimo de toda a família. Com isso os familiares muitas vezes estão expostos a uma grande pressão. Um tratamento realizado em modalidade de "hospital-dia" pode aliviar a família.

10. Procurar ajuda para si: a depressão também pode afetar bastante o casamento e a família, porque muitas vezes se evita falar sobre o problema, por vergonha ou falsos pudores. Procure conversar com pessoas de sua confiança, isso irá aliviá-lo e reforçar o seu otimismo. Tente também delimitar seu espaço, pois você também precisa de períodos de repouso e recuperação. Você não poderá ajudar seu ente querido se também ficar doente.

MANIA:
10 REGRAS ÚTEIS PARA FAMILIARES E AMIGOS

1. Dialogar: fale com a pessoa sobre o comportamento alterado nos episódios maníacos anteriores. Procure fazê-la recordar de eventos problemáticos que ela também encarou nas fases saudáveis.

2. Tematizar o comportamento problemático: sinalize, de modo compreensivo, que você também sofre com o comportamento dela. Mostre-lhe, sem deixar margem a dúvidas, que você a apoia e que não sente os problemas atuais como um fracasso do caráter dela.

3. Evitar o caos: ajude a pessoa em crise a evitar o caos e que ela prejudique a si mesma com seu comportamento hiperativo e precipitado.

4. Evitar a distração: procure organizar o entorno da pessoa de tal modo que haja poucas possibilidades de distração. Evite provocar estímulos de qualquer tipo (barulhos, empreendimentos etc.).

5. Permanecer amistoso e objetivo: procure, dentro do possível, travar diálogos breves, amistosos e objetivos. Ao fazer isso, evite expressar sentimentos negativos, como irritação ou censuras.

6. Não tentar persuadir: evite o desnecessário "trabalho de convencimento". Deixe a pessoa com suas expectativas e seus planos irreais, se eles não oferecem risco a ela ou a outrem.

7. Reagir com ponderação: reaja com sensatez a situações em que o clima estiver carregado. Evite reagir de modo demasiadamente impensado. Tente preservar certo distanciamento em relação à situação.

8. Permanecer sereno: de modo algum adote uma atitude autoritária ou determinada. Não imponha regras à pessoa em crise. Não fique magoado com ofensas. As pessoas maníacas às vezes podem ser muito ofensivas na maneira de se expressar. Feche os olhos a isso! Permaneça sereno e, na medida do possível, seja tolerante e amistoso.

9. Buscar tratamento: fale com ela sobre a possibilidades de tratamento e ajude-a a marcar uma consulta médica.

10. Ter um plano para momentos de crise: nos períodos em que a pessoa doente estiver com o humor normalizado, elabore junto com ela um plano para momentos de crise, determinando exatamente quais medidas deverão ser tomadas no caso de ela ser acometida por um episódio de mania.

154. Ao que se deve dar atenção durante uma mania?

Uma mania nem sempre significa bom humor contagiante nem alegria sem fim para todos os envolvidos. Frequentemente os pacientes maníacos incomodam muito o seu entorno com a sua hiperatividade, exagero, descontrole, irritabilidade e descontentamento.

Um grande problema, especialmente para o cônjuge e os familiares, é que as pessoas maníacas não percebem que estão doentes. É importante prestar atenção e ajudar a pessoa, mediante conversas compreensivas, a reconhecer que o seu comportamento está alterado, por exemplo, nos seguintes aspectos:

❖ está mais ativa;

❖ tem menos sono;

❖ fala mais rápido e seu tom de voz está elevado;

❖ tem tido muitas ideias;

❖ tem se mostrado mais distraída;

❖ tem tido problemas frequentes com outras pessoas;

❖ suas atitudes estão menos cuidadosas e atenciosas;

❖ está gastando muito e descontroladamente;

❖ está dirigindo mais rápido e mais arriscadamente.

Conversem sobre esses exemplos de modo calmo e objetivo, evitando censuras!

A menção de exemplos de alteração do comportamento é o modo mais provável de um paciente maníaco perceber que algo não está bem, de que uma mania voltou a desenvolver-se.

155. Para que servem os grupos de apoio?

Cônjuges, filhos ou pais também podem ter necessidade de participar de um grupo de apoio, onde possam trocar informações com pessoas que vivem experiências semelhantes.

No transtorno bipolar, toda a família é atingida junto com a pessoa, e muitas vezes também amigos e parentes que não fazem parte do núcleo familiar experimentam os efeitos da doença.

Os familiares muitas vezes se perguntam, cheios de preocupação, de onde vem o transtorno e o que eles próprios podem fazer para melhorar a situação do ente querido. Insegurança e também vergonha costumam determinar o comportamento dos familiares e criar obstáculos à busca objetiva de ajuda por demasiado tempo.

Subestima-se o incômodo que pode representar um problema como esse para o cônjuge, os filhos, os pais ou os irmãos, e as formas muito variadas que esse incômodo pode assumir. As experiências mostram que os membros da família muitas vezes se empenham até o limite de sua capacidade física e psíquica pelo familiar acometido de transtorno bipolar. De nada adianta, porém, se estiverem permanentemente além do limite, se eles próprios sofrerem de esgotamento psíquico ou até ficarem doentes. Para os familiares envolvidos, uma troca de experiências pode ser muito proveitosa, porque isso alivia o peso e mostra como se pode conviver com pessoas acometidas da doença.

É importante ter pessoas com quem conversar, que sejam compreensivas e cujo conselho é especialmente valioso por compartilhar um destino parecido. Para fomentar essa troca de experiências, informar-se sobre o transtorno bipolar e saber onde e como receber ajuda, os familiares de pessoas com doenças psíquicas se organizam em grupos de apoio. Esses grupos também atuam de modo autônomo e têm organização própria, sem a direção de especialistas.

> O apoio dos familiares é fundamental para ajudar o paciente em momentos difíceis e garantir que os medicamentos sejam tomados corretamente. Compartilhar as experiências com outros pacientes e familiares pode servir de exemplo e motivação. No Brasil, a Associação Brasileira de Transtorno Bipolar – ABTB e a Associação Brasileira de Transtornos Afetivos – ABRATA oferecem esse tipo de serviço.

Curatela, tutela e internação compulsória

156. O que é curatela?

A curatela é destinada a adultos que estão total ou parcialmente incapacitados de administrar sua vida em virtude de uma doença psíquica ou de uma incapacitação física, mental ou psíquica. Para isso, as pessoas elegem um curador como seu representante legal, o qual decide e atua em questões legais relacionadas ao patrimônio e à pessoa. A designação do curador é feita pelo tribunal de tutela, instalado em cada fórum municipal. Mesmo que o cônjuge, os filhos ou pais estiverem dispostos a cuidar dos assuntos do paciente, alguém deve ser designado como curador.

157. Para que serve a tutela?

Tutela é uma declaração de vontade por escrito, mediante a qual a pessoa autoriza alguém a agir em seu nome e tomar decisões concernentes a si. É um instrumento útil, especialmente em situações em que se está incapacitado de tomar decisões em virtude de alguma doença. A procuração pode abranger um ou mais âmbitos da sua vida, como previdência, saúde, administração patrimonial ou provimento do lugar de moradia.

É preciso que esse representante seja uma pessoa de absoluta confiança. Caso não haja ninguém considerado realmente apto, pode-se também expedir uma disposição de curadoria com base na qual uma pessoa autorizada é supervisionada ou aconselhada por um tribunal de tutela. Justamente no caso de episódios depressivos ou maníacos agudos, pode ser importante que uma pessoa de confiança converse com o médico sobre o tratamento, na eventualidade de o paciente não conseguir se expressar de modo compreensível em virtude da gravidade de seus sintomas.

158. Uma pessoa pode ser internada contra a vontade?

Segundo a Associação Brasileira de Psiquiatria, transtornos mentais e do comportamento são a segunda causa dos atendimentos de urgência em hospitais e pronto-socorros – cerca de 16% dos pacientes atendidos pelo Serviço de Atendimento Móvel de Urgência (Samu).

O diagnóstico e o tratamento do transtorno bipolar pelo sistema público de saúde são realizados nos Centros de Atenção Psicossocial – Caps, por equipes multidisciplinares, formadas por psiquiatras, enfermeiros, psicólogos, assistentes sociais, nutricionistas, clínicos gerais e terapeutas ocupacionais, nos ambulatórios dos hospitais-escola e dos hospitais gerais. Somente os casos graves são encaminhados para internação.

A Lei n. 10.216, de 6 de abril de 2001, promulgada pelo então presidente Fernando Henrique Cardoso, dispõe sobre a proteção e os direitos das pessoas portadoras de transtornos mentais. Fazem parte desses direitos o acesso ao tratamento visando à sua recuperação e o esclarecimento da necessidade ou não de uma hospitalização involuntária. A lei determina que a internação "só será indicada quando os recursos extra-hospitalares se mostrarem insuficientes" e "mediante laudo médico circunstanciado que caracterize os seus motivos". Nesse caso, há três tipos de internação psiquiátrica possíveis:

❖ *Voluntária:* com o consentimento declarado e assinado pelo paciente.

❖ *Involuntária:* sem o consentimento do paciente e a pedido de terceiro.

❖ *Compulsória:* determinada pela Justiça e levando em conta as condições de segurança do estabelecimento quanto à salvaguarda do paciente, dos demais internados e funcionários.

159. Quando se dá uma "internação involuntária" ou "compulsória"?

Há limites bem estritos, no âmbito dos quais pode ocorrer uma internação involuntária ou compulsória. A rigor, as justificativas dizem respeito aos riscos para o próprio paciente (por exemplo, risco iminente de suicídio) ou riscos para terceiros, para a ordem e a segurança públicas, e quando não houver nenhum outro recurso à disposição.

Uma internação involuntária se dá porque às vezes o paciente se mostra sem capacidade de discernimento e, então, alguém delibera sobre a vida dele como curador, analogamente ao caso das pessoas interditadas (o cônjuge; na falta dele, o pai ou a mãe; na falta destes, o descendente que se demonstrar mais apto; na falta deste um curador escolhido pelo juiz). A internação depende da autorização de um médico do Estado onde se localiza o estabelecimento e deve ser comunicada ao Ministério Público Estadual. O término se dá por solicitação escrita do familiar ou responsável legal, ou pelo especialista responsável pelo tratamento.

A internação via sentença judicial só é legalmente permitida sem a permissão do paciente ou contra a vontade declarada dele se um juiz competente assim o decidir. Sem sentença judicial ele não é possível.

TRATAMENTO RESPONSÁVEL

Para os pacientes, uma internação compulsória pode parecer uma ameaça porque ocorre contra a sua vontade e em parte até sob coerção. Por isso, tal medida só é indicada "quando os recursos extra-hospitalares se mostrarem insuficientes" e "mediante laudo médico circunstanciado que caracterize os seus motivos", de modo a garantir o máximo de transparência e responsabilidade.

160. Como posso impedir uma internação involuntária ou compulsória?

A maneira mais efetiva de impedir uma internação contra a própria vontade é a prevenção de recidiva e a busca de ajuda médica assim que aparecerem os primeiros sinais de alerta. Para isso é preciso:

❖ tomar regularmente os medicamentos preventivos de recidiva;

❖ consultar-se com o médico em intervalos regulares;

❖ ajustar a maneira de viver de forma que os riscos de recidiva sejam minimizados;

❖ prestar atenção aos primeiros sinais de alerta da doença;

❖ procurar sem demora o médico assim que aparecerem os primeiros sinais de alerta e conversar com pessoas de confiança sobre isso;

❖ nos períodos saudáveis, elaborar um plano de crise, junto com o médico e pessoas de confiança, registrando por escrito todas as medidas a serem tomadas no caso de ocorrer uma crise (quem deve fazer o que e quando).

A melhor coisa é realmente que uma pessoa de total confiança conheça o plano de crise e que, caso o paciente não esteja em condições, esteja autorizada a tomar todas as medidas necessárias, nos termos definidos por ele (chamar o médico, escolher a clínica ou hospital, providenciar o laudo médico, prover a família ou administrar o orçamento familiar etc.).

Informações referentes à vida social

161. Com quem eu devo falar abertamente?

"Dor repartida é dor pela metade" – por essa razão, é bom que o paciente fale com pessoas de sua confiança sobre seus problemas de saúde. Em primeiro lugar, é recomendável falar sobre o transtorno com os familiares mais próximos, mencionando os sintomas, os riscos de recidiva, as medidas para o tratamento. Compreensão, palavras de ânimo e apoio podem ser muito úteis. A experiência demonstra que, para a maioria das pessoas acometidas de transtorno bipolar, o cônjuge, os filhos, os pais, os irmãos e as boas e antigas amizades representam o suporte mais seguro.

Será preciso também escolher um médico psiquiatra e psicoterapeuta, a quem se confiar e com quem se consultar regularmente, a longo prazo.

Ainda há muitos preconceitos e ideias totalmente absurdas contra pessoas com doença psíquica, que muitas vezes são excluídas e prejudicadas, por serem identificadas como "loucas". Por essa razão, convém ser cuidadoso com o tipo de informação compartilhada com chefes e colegas de trabalho! Nesse caso, uma postura reservada é mais apropriada que ter confiança em excesso. Em termos gerais, a situação tende a melhorar com o esclarecimento, mas ainda assim deve-se pensar bem antes de falar com alguém sobre a doença.

162. Quando devo informar o meu empregador?

Se o transtorno estiver sob controle, mediante as medidas preventivas de recidiva, o paciente não é obrigado a falar sobre episódios de depressão ou mania ocorridos no passado! Doenças curadas ou bem controladas não influem no desempenho produtivo e, por essa razão, não têm nenhuma relevância para o empregador.

No entanto, se de acordo com a expectativa do médico houver a possibilidade ou a probabilidade de outros episódios da doença em intervalos mais curtos, talvez seja necessário informar o empregador, caso se pergunte por doenças. Se houver dúvidas sobre o dever de prestar a informação, o melhor a fazer é consultar o médico ou um advogado trabalhista.

> ### ENTREVISTA DE EMPREGO
>
> Se numa entrevista de emprego o candidato for perguntado expressamente sobre doenças passadas, ele tem o direito legal de recusar-se a dar tal informação. No entanto, há que se levar em consideração que a recusa em responder provavelmente levará à conclusão de que se está ocultando alguma doença.

163. Onde encontrar aconselhamento e apoio?

Quando observado algum dos sintomas do transtorno bipolar, o ideal é recorrer a um médico de confiança. Na rede pública, deve-se procurar uma unidade básica de saúde com atendimento psiquiátrico ou o ambulatório de psiquiatria de hospitais-escola como o Hospital das Clínicas da cidade. Após a avaliação, o paciente poderá ser encaminhado para um hospital com atendimento psiquiátrico ou para um Centro de Atenção Psicossocial – Caps.

Também é possível contar com as associações e os grupos de apoio a pacientes, familiares e profissionais de saúde, como a Associação Brasileira de Transtorno Bipolar – ABTB e a Associação Brasileira de Familiares, Amigos e Portadores de Transtornos Afetivos – ABRATA. E, naturalmente, na internet há muita informação disponível e bastante detalhada sobre a doença.

164. A doença pode ser justa causa de demissão?

Em princípio, não se pode demitir alguém em virtude de doença. Se a pessoa não puder mais exercer a atividade profissional devido ao transtorno bipolar, o empregador pode tentar realocá-la dentro da empresa em uma outra função na qual a doença tenha menor influência, desde que fique claro que o tratamento para controlá-la esteja sendo seguido de modo a não colocar em risco os demais e o local de trabalho.

No caso de desempenho insuficiente ou queda de produtividade, faltas recorrentes e outros aspectos negativos, a doença pode ser considerada incapacitante. Dependendo do tipo de episódio e de sua gravidade, essa incapacidade pode ser temporária ou permanente e parcial ou total. Se for considerada permanente e parcial ou total, talvez seja o caso de recorrer à Previdência Social e buscar uma aposentadoria por invalidez, o que será avaliado por perícia médica.

165. Quem tem transtorno bipolar pode dirigir carro ou moto?

No Brasil, a Carteira Nacional de Habilitação (CNH) atesta que o cidadão está apto a conduzir veículos e para tirá-la ou renová-la (especialmente se o condutor realizar atividade remunerada ao veículo) é preciso passar por um processo que envolve, além das provas teórica e prática, um exame médico e psicológico que avalia a condição física e mental do condutor, visando à segurança dele e da coletividade.

Levando-se em conta que dirigir requer concentração, atenção, reflexos rápidos, velocidade psicomotora e capacidade de decisão, entre outras habilidades, é certo que os transtornos mentais interferem de diferentes maneiras nessa atividade, seja por causa dos sintomas psicopatológicos, seja por causa dos efeitos das substâncias usadas no tratamento.

Sendo assim, será recomendável que o paciente deixe de dirigir quando se antevir que tal atividade representa uma ameaça para o trânsito, como, por exemplo:

❖ se o nível do desempenho não estiver mais estável e situações de pressão não puderem mais ser controladas;

❖ se houver o risco de uma falha repentina da capacidade de desempenho física ou psíquica;

❖ se as deficiências decorrentes da doença psíquica levarem à conclusão de que as regras de trânsito não serão obedecidas e que o comportamento não atinge o grau de segurança requerido.

166. Quando essa atividade volta a ser permitida?

Só se pode novamente presumir um "comportamento ajustado", que não gere riscos no trânsito, quando a manifestação ativa da doença tiver sido reduzida por uma prevenção medicamentosa, ou seja, quando o transtorno estiver controlado e os episódios bipolares não ocorrerem mais em curtos intervalos de tempo. Isso se consegue documentar mediante consultas regulares a um psiquiatra.

167. Qual o efeito do consumo de álcool?

No Brasil, é crime dirigir "com a capacidade psicomotora alterada em razão da influência de álcool ou outra substância psicoativa que determine dependência". A legislação de trânsito prevê ainda multa e suspensão da carteira de habilitação caso se identifique um condutor alcoolizado, porque significa grande risco de acidente de trânsito.

Além disso, como já explicado anteriormente, o consumo regular de álcool tem um efeito muito desfavorável sobre o curso de um transtorno bipolar. Ele torna praticamente impossível controlar a doença.

168. O que se deve fazer para manter a aptidão para dirigir?

Durante os episódios do transtorno bipolar não se deve dirigir um automóvel em circunstância nenhuma! Se o indivíduo estiver acometido de uma depressão média ou grave, de uma hipomania, de uma mania ou de um estado misto maníaco-depressivo, o seu grau de desempenho psíquico não estará suficientemente estável. Seu grau de atenção e de resistência a pressões será muito baixo e não terá os reflexos motores necessários, o que o tornará incapaz de avaliar a situação do trânsito com o cuidado e a ponderação exigidos. Por essa razão, o melhor a fazer é deixar o carro na garagem durante o tratamento agudo e a fase de estabilização.

> ### SEJA RESPONSÁVEL!
>
> Renunciando à direção durante o episódio agudo da doença, você estará demonstrando ser uma pessoa conscienciosa, ciente dos perigos e de sua responsabilidade. Nesse caso, ninguém questionará legalmente a sua aptidão para dirigir e você estará agindo corretamente se, depois de terem passado os episódios, continuar consultando regularmente o seu psiquiatra e tomando os medicamentos preventivos de recidiva.

169. Os medicamentos reduzem a aptidão para dirigir?

Os medicamentos prescritos podem, dependendo da dosagem, prejudicar a aptidão do motorista para dirigir. O médico tem o dever de deixar o paciente a par de toda e qualquer limitação nesse sentido. Eventualmente convém perguntar expressamente.

170. O que deve ser observado durante a formação profissional?

Pessoas jovens devem agir responsavelmente com a sua doença desde o começo, tendo em vista a sua formação e o exercício da profissão que vier a escolher.

Não há nada que impeça os estudos e a conclusão de um curso universitário, mas recomenda-se que, no caso de o diagnóstico de transtorno bipolar estar assegurado ou ser muito provável, iniciar precocemente uma terapia preventiva de recidiva de cunho psicoterapêutico e medicamentoso. O objetivo é impedir que a formação tenha de ser interrompida ou suspensa por episódios recorrentes da doença.

Se o jovem adotar um comportamento consciente e responsável, cooperar com seu médico e se preocupar com a prevenção de recidiva, transtornos bipolares e formação ou atividade profissionais podem ser perfeitamente compatíveis.

171. O que faz o transtorno ser considerado incapacitante para o trabalho?

Se uma pessoa acometida de transtorno bipolar sofrer de sintomas graves da doença, configurando risco à sua vida e à de terceiros, e se depois de várias internações hospitalares e do tratamento com medicamentos preventivos de recidiva e psicoterapia ainda houver sequelas, talvez seja o caso de aconselhar-se com o psiquiatra e verificar a possibilidade de requerer o auxílio-doença ou a aposentadoria por invalidez junto ao INSS.

O auxílio-doença é concedido ao segurado impedido de trabalhar por mais de 15 dias consecutivos, desde que a doença tenha se manifestado depois do início da contribuição para a Previdência Social e que ela seja comprovada em exame realizado pela perícia médica. O trabalhador terá de realizar exames médicos periódicos e, se ficar constatado que não pode retornar à sua atividade habitual, deverá participar do programa de reabilitação profissional para o exercício de outra atividade. O benefício deixa de ser pago quando o segurado recupera a capacidade e retorna ao trabalho ou quando o benefício se transforma em aposentadoria por invalidez.

A aposentadoria por invalidez também será concedida após perícia médica que comprove a incapacidade permanente de o trabalhador exercer atividade que lhe garanta o sustento. Nesse caso a pessoa deverá passar por novas perícias a cada dois anos e a aposentadoria deixará de ser paga se o segurado recuperar a capacidade e voltar ao trabalho.

Não tem direito ao auxílio-doença ou à aposentadoria por invalidez quem, ao se filiar à Previdência Social, já tiver doença que geraria o benefício, a não ser que a incapacidade resulte do agravamento da enfermidade.

172. Quais os direitos da pessoa com deficiência grave?

A pessoa com deficiência ou doença grave pode ter alguns benefícios, dependendo da avaliação de cada caso, da legislação municipal e de laudo pericial médico.

Além do auxílio-doença em casos de afastamento ou da aposentadoria por invalidez nos casos mais graves, se o quadro configurar-se como "alienação mental", a pessoa poderá requerer a isenção do pagamento de imposto de renda e o saque do FGTS. O beneficiário que possuir financiamento imobiliário por um dos agentes do Sistema Financeiro da Habitação – SFH, pode requerer a quitação do imóvel pela seguradora, na proporção estipulada no contrato de financiamento. Os medicamentos poderão ser fornecidos pelo Sistema Único de Saúde – SUS, se o doente comprovar a falta de meios financeiros para dar continuidade ao tratamento. O transporte municipal, assim como as viagens de ônibus, trem ou barco (e em alguns casos de avião) são garantidos por lei às pessoas com deficiência mental comprovadamente carentes, cuja renda mensal for inferior a um salário mínimo.

173. O que deve ser observado no caso do plano de saúde particular?

No Brasil, os planos privados de assistência à saúde são regulados pela Agência Nacional de Saúde Suplementar (ANS).

Tendo em vista que o transtorno bipolar é uma doença de tratamento de longa duração, que suscita incertezas e várias possibilidades de tratamento, convém verificar as cláusulas contratuais, especialmente as que dizem respeito às restrições de cobertura, imposição de limites de utilização ou outros mecanismos de pagamento em regime de coparticipação.

No caso dos transtornos mentais, de acordo com as determinações da ANS, a cobertura passou a ser obrigatória em todos os contratos celebrados a partir de janeiro de 1999 ou nos planos antigos adaptados. Contudo, ainda há limites de cobertura para dias de internação em hospital psiquiátrico ou em hospital geral, excedidos os quais pode ser necessário o copagamento de valores, de acordo com o contrato com o prestador.

A partir de 2010 foram suprimidos os limites de duração de tratamento em hospital-dia para alguns diagnósticos, entre eles o de transtorno bipolar, e aumentou-se o número mínimo de sessões de psicoterapias e terapias ocupacionais por ano de contrato.

NÃO DEIXE DE MENCIONAR A DOENÇA

Não se deve omitir um transtorno bipolar ao filiar-se a um plano de saúde particular, porque o contrato poderá ser questionado e perder seu efeito. Porém, se a doença tiver se manifestado depois da assinatura do contrato, não poderão ser cobradas taxas de risco, nem a doença poderá ser excluída da cobertura do plano.

174. O que se deve observar no caso do seguro de vida?

Assim como no caso do plano de saúde particular, não se deve omitir o diagnóstico de transtorno bipolar ao contratar um seguro de vida.

Os seguros de vida pagam indenização em caso de morte, ou após decorrido um período determinado, ou quando for atingida determinada idade. O risco de morte determina o valor do prêmio securitário a ser pago. Se não forem mencionados fatores de risco (por exemplo, um transtorno bipolar), a seguradora pode não ser obrigada a pagar a indenização.

Porém, se o transtorno bipolar se manifesta apenas depois da contratação do seguro de vida já em vigência, a seguradora não pode aumentar o valor do prêmio e deve pagar a quantia segurada.

175. Que tipo de ajuda prestam as associações especializadas em transtorno bipolar?

A Associação Brasileira de Transtorno Bipolar – ABTB, criada em 2005, é uma associação sem fins lucrativos, afiliada à International Society for Bipolar Disorder – ISBD, comprometida com o desenvolvimento do conhecimento e de novos tratamentos mediante a colaboração com entidades congêneres internacional, a conscientização da sociedade e dos profissionais da área de saúde, o estímulo à pesquisa e a organização de cursos, eventos, palestras e debates relacionados ao transtorno bipolar. Site na internet: <http://www.abtb.org.br/>.

A Associação Brasileira de Familiares, Amigos e Portadores de Transtornos Afetivos – ABRATA, associação civil sem fins lucrativos, nasceu em 1999 com a missão de divulgar conhecimentos e informações sobre a natureza dos transtornos do humor, além de apoiar psicossocialmente os doentes, seus familiares e amigos. Engloba representantes de diversas universidades e mantém parcerias com variados segmentos sociais e profissionais. O atendimento ao público é realizado por meio de contatos entre os interessados e a equipe de voluntários. Site na internet: <www.abrata.org.br>; e-mail: <contato@abrata.org.br>.

ANEXOS

Life chart

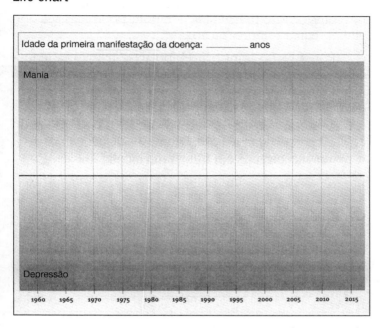

PLANO DE CRISE PARA A MANIA

1. Principais sinais de alerta:

a) _____

b) _____

c) _____

d) _____

e) _____

2. Entrar em contato com:

a) Alguém que saiba do meu problema e não fique apavorado

Nome: _____ Tel.: _____

Nome: _____ Tel.: _____

b) Médico

Nome: _____ Tel.: _____

Nome: _____ Tel.: _____

c) Clínica

Nome: _____ Tel.: _____

Nome: _____ Tel.: _____

3. Providências para alívio da tensão (por exemplo, descansar):

_____

_____

_____

_____

_____

_____

4. Medidas de proteção:

_____

_____

_____

_____

_____

PLANO DE CRISE PARA A DEPRESSÃO

1. Principais sinais de alerta:

a) _____

b) _____

c) _____

d) _____

e) _____

2. Entrar em contato com:

a) Alguém que saiba do meu problema e não fique apavorado

Nome: _____ Tel.: _____

Nome: _____ Tel.: _____

b) Médico

Nome: _____ Tel.: _____

Nome: _____ Tel.: _____

c) Clínica

Nome: _____ Tel.: _____

Nome: _____ Tel.: _____

3. Providências para alívio da tensão (por exemplo, pintar, dançar, ler):

_____

_____

_____

_____

_____

_____

4. Medidas de proteção:

_____

_____

_____

_____

_____

REGISTRO DIÁRIO DO ESTADO DE HUMOR

Ao final de cada dia, avalie as flutuações de humor ao longo do período.

Se possível, converse a esse respeito com uma pessoa de sua confiança.

Marque com um "x" o quadrado correspondente no relatório diário do seu humor.

Caso a classificação do humor seja "muito elevado" ou "muito abatido", tome imediatamente as medidas apropriadas, de acordo com o Plano de Crise.

Se as alterações extremas do humor persistirem por mais de três dias, procure imediatamente seu médico.

	CLASSIFICAÇÃO	S	T	Q	Q	S	S	D
ELEVADO	Muito elevado, incapaz de trabalhar							
ELEVADO	Nitidamente elevado, capaz de trabalhar							
ELEVADO	Levemente elevado							
	NORMAL							
ABATIDO	Levemente abatido							
ABATIDO	Nitidamente abatido, capaz de trabalhar							
ABATIDO	Muito abatido, incapaz de trabalhar							

Impresso na gráfica da
Pia Sociedade Filhas de São Paulo
Via Raposo Tavares, km 19,145
05577-300 - São Paulo, SP - Brasil - 2018